대금융위기
The Great Financial Crisis

대금융위기

The Great Financial Crisis

존 벨라미 포스터/프레드 맥도프 저

박종일 역

인간사랑

| 목차 |

| 역자 서문 |

왜 뉴욕발 금융위기는 그토록 자주 일어날까? 왜 뉴욕발 금융위기가 발생하면 전 세계의 모든 생산경제가 위축될까? 자본주의 경제에서 금융의 온당한 역할은 무엇이어야 하나? 이런 의문에 대해 저자들은 가장 선진적인 자본주의 국가인 미국의 경제를 들어 답을 제시하고 있다.

아담 스미스가 말한 "보이지 않는 손"—사실은 자본의 힘이기는 하지만—에 의해 자율적 균형이 형성되던 19세기의 자유경쟁 시장경제 체제에서는 소규모 가족기업이 주류를 이루고 있어서 가격, 생산량, 투자는 시장의 힘에 의해 결정되었다.

20세기가 시작되기 직전에 자본주의는 중대한 변화를 겪게 되는데, 그것은 거대기업의 등장이었다. 그 후 수십 년 동안은 두 차례의 세계대전이 있었고, 거대한 변화와 함께 시작된 불황이 경제를 지배했다. 제2차 세계대전 후에 가장 선진적인 자본주의 경제가 미국에서 확고하게 자리 잡았는데, 소수의 거대기업이 대부분의 산업을 지배하는 독점자본이 등장했다. 새로운 독점자본 질서 하에서 기업은 경제학 교과서에서 말하는 자유롭게 경쟁하는 실체가 아니라 요셉 슘페터가 말한 "독립적이면서도 상호 의존적인", 다시 말해 이성적이며 이윤 최대화를 추구하는 과점집단이 되었다. 이러한 환경에서는 기업은 가격결정을 할 때나 시장점유율과 이윤폭의 증가를 시도함에 있어서 주경쟁자를 염두에 두고 행동한다. 독점적 기업들은 "가격전쟁"이라는 상호 파괴적인 경쟁을 포기하고 대신에 원가절감과 판매확대로 경쟁했다. 그 결과 경제 전체의 "잉여의 상승경향"이 나타났으며, 대기업이 활동하는 분야에서는 특히 그러했다.

독점은 주요 기업의 이윤을 확대시켜 주지만 한편으로는 시장지배력이 강화될수록, 더 많은 이윤을 얻을수록 수익성 있는 투자기회는 줄어든다. 이것은 뒤집어 말하자면 자본축적이 줄어들면 자본축적으로부터 동력을 얻는 경제성장도 정체된다는 것을 의미한다.

자본주의 경제는 성장을 계속하기 위해 자신이 산출한 늘어나는 잉여를 흡수할 새로운 수요의 원천을 끊임없이 찾아내야 한다. 역사적으로 보아 증기기관, 철도, 자동차 같은 규모의 효과를 수반하는 기술혁신이 일어나 축적과정을 다시 점화시키지 않았더라면 자본주의 체제는 정체의 진흙탕 속에서 헤어나지 못했을 것이다. 어떤 이들은 우리 시대의 IT기술이 그런 역할을 할 혁신기술이라고 주장하는데, IT기술이 일하는 방식을 바꾸어 놓은 것은 사실이나 경제에 규모의 효과를 수반하는 자극제가 되지는 못하고 있음이 분명하다.

독점자본주의 경제의 특징은 잉여를 창출할 수 있는 투자처가 줄어들고 잉여를 흡수할 수 있는 다른 방식(판매 확대책과 정부지출)도 궁극적으로 불황을 타파할 수 없을 때 나타나는 정체 경향이다. 그 결과 나타나는 주기적인 생산부문의 설비과잉이 새로운 투자의 기회 또는 의욕을 감소시킴으로써 자본축적 자체를 저해하게 된다.

독점자본은 19세기 말에서 20세기 초에 걸쳐 기업 유가증권 시장, 다시 말해 주식시장의 등장과 함께 대두했다. 전통적으로 주식과 회사채 그리고 기타 금융적 수단을 축적하는 것은 생산에 투자하기 위한 저축(또는 잉여)의 집합적 출연으로 인식되어 왔다. 그러나 실제에 있어서는 증권거래소나 그 밖의 금융시장을 통과한 돈이 생산적인 경제에 대한 투자로 유입되는 경우는 극히 적은 부분에 지나지 않는다.

주식시장의 역할은 자본축적의 욕구와는 조화되기 어려운 모순을 낳았다. 기업 유가증권은 기업의 실물자산이 본질적으로 가질 수 없는 특징인 유동성—즉각적인 환금성—을 갖게 되었다. 이 단계에 이르자 금융적 수단과 시장이 확산될 수 있는 길이 열렸고, 이제 독점자본은 독점-금융자본으로 변신하여 금융시장은 폭발적으로 확대되었다.

투자처를 찾아다니는 잉여가 생산적 경제부문에서는 수익성 있는 출구를 찾을 수 없게 되자 기업/자본가는 금융투기라는 수단으로 화폐자본을 증식시키는 방법을 모색하였고, 이러한 수요가 늘어나자 금융체계는 외환, 선물시장, 옵션, 파생상품, 헤지펀드 등 새롭고 화려한 금융상품을 제공했다. 그 결과가 1980년대에 이르기까지 팽창한 금융 상부구조이며, 이것은 이후로 실물경제와는 독자적인 생명을 유지 · 확장해 왔다. 자주 인용되는 케인즈의 말이지만 이제 "기업은 투기의 소용돌이 위에 떠 있는 거품" 신세가 되었다. 실물을 생산하고 서비스를 제공하는 경제가 정체하면서 금융기법을 통해 고율의 투기적 이윤을 노리는 차입투자의 거품이 기승을 부리는 이런 상황을 어떤 학자는 "거대한 카지노"라고 부른다.

지난 30년 동안 일어났던 금융폭발이 장기적으로 지속된다면 어떤 결과가 올까? 우리의 역사적 경험은 금융팽창이 잉여를 흡수하는 데는 도움이 되었지만 생산적 경제를 정체의 늪으로부터 의미 있는 정도로 끌어올리는 데는 실패했다. 정체와 금융폭발은 공생관계를 맺게 된 것이다.

투기에 알맞게 조직된 금융체계는 끊임없는 현금유입을 필요로 하고, 그 현금의 대부분은 노동하는 대중을 착취한 결과물이다. 지난 30여 년 간 실질임금의 상승이 없는 상태에서 기업(금융기업과 비금융기업을 불문코)의 금융이윤이 급속히 증가한 사실이 이를 증명한다.

금융부문은 자본축적 과정의 온건한 조력자에서 점차로 그 과정의 추진동력으로 변모했다. 투기적 금융은 생산적 투자라고 하는 주된 엔진이 약해지자 성장의 동력을 제공하는 제2의 엔진이 되었다. 자본주의는 잉여를 실물경제에 장기적으로 투자하는 것이 아니라 카지노 같은 투기에 투입하는 비중을 늘려감으로써 비효율적으로 변하고 있다. 그래서 하이만 민스키는 "자본주의는 그 발전을 통제하지 않으면 주기적인 정체와 빈곤이 영속적으로 발생한다는 점에서 결함 있는 체제"라고 말했다.

선진자본주의 경제의 정체와 금융화는 1980년대부터 신자유주의 세계화란 이데올로기로 무장한 채 새롭고 노골적인 제국주의의 행태를 보였다. 그것이 바로 1980년대 초기 제3세계의 채무위기라는 형태로 나타났다. 독점-금융자본은 주변부로부터 이전보다 더 많은 잉여를 추출하기 위해 가난한 나라들의 경제·사회생활에 더욱 깊이 개입할 수밖에 없다는 것은 어찌 보면 당연한 논리적 귀결이다. 이러한 제국주의적 팽창의 이면에는 제국 미국의 경제적 정체를 보충하려는 의도가 숨어 있으며, 석유공급과 기타 전략적 자원을 장악하고 전 세계의 금융지배권과 금융체계의 안정(달러 헤게모니를 포함하여)을 확보하려는 야심이 숨겨져 있다.

전 세계적 독점-금융자본의 특징인 신자유주의 구조조정은 주변부 경제가 자국 내에서 그나마 갖고 있던 국제자본에 대한 통제권과 자국민에 대한 지원책들을 무력화시킴으로써 상황을 더욱 악화시켰다. 이러한 신자유주의 구조조정의 선봉에 선 삼총사가 국제통화기금(IMF)·세계은행(World Bank)·국제무역기구(WTO)이며, 중심부 국가의 정부와 기업들이 이들과 협력하고 있다. 역사가 우리에게 무언가를 가르쳐 줄 수 있다면 그것은 체제 중심부의 제국주의 세력이 지금 주변부 도처에서 일고 있는 저항의 물결을 잠재우기 위해 개입할 것이며, 개입의 선봉에 미국이 서 있을 것이라는 점이다.

지난 30년 동안의 자본주의의 변모는 신자유주의, 세계화, 금융화란 세 단어로 집약할 수 있을 것이다. 신자유주의와 세계화에 관해서 언급한 글들은 많으나 금융화는 상대적으로 주목을 받지 못했다. 자본주의의 금융화—경제활동의 무게중심이 생산과 서비스 부문으로부터 금융으로 이동—는 우리 시대의 핵심 화두이다. 그렇다면 자본주의는 새로운 단계에 진입했는가? 금융화의 결과로 체제가 변하기는 했지만 생산부문 내부에서의 축적이라는 기본문제는 아직도 변함이 없으므로 이러한 변화가 자본주의의 완전히 새로운 단계라고 할 수는 없다. 금융화는 독점자본주의 단계의 새로운 변종이며, 그래서 "독점-금융자본"이라고 이름붙일 수 있을 것이다. 자본주의는 근본적인 방향에서 진화하지 못하고 오히려 정체와 금융폭발이 끊임없이 악순환하는 늪에 빠졌다. 오늘날의 주기적인 금융위기는 가속적인 발전을 이루는 과정에서 일시적으로 나타나는 중간 휴지기가 아니라 자본축적 과정의 심각하고도 장기적인 곤경을 의미한다.

그렇다면 대안은 무엇인가?

금융의 폭발과 실물경제의 정체는 자본주의 발전과정의 필연적 과정이며, 체제 내에서는 해법을 찾을 수 없다. 결국 자본주의를 대체하는 새로운 대안체제인 사회주의로 나아가는 길밖에 없다. 그래서 마르크스주의는 현실 사회주의 체제가 붕괴하고 나서도 여전히 유효하다(공동저자인 포스터는 다른 책에서 동구권 사회주의는 진정한 사회주의가 아니었다고 설명한 바 있다).

그러면 2백 년 넘게 공고한 뿌리를 내린 자본주의 체제를 사회주의 체제로 전환시킬 현실적인 수단은 있는가? 저자들은 이 문제에 대해서는 해답을 제시하지 않고 있다. 왜냐하면 제목이 말하듯 이 책의 저술목적은 금융위기의 원인과 결과를 분석하는 것이기 때문이다. 독자로서는 여기서 미흡함을 느끼겠지만 이 문제는 더 큰 장에서 따로 논해야 할 과제일 것이고, 오늘날 선진자본주의 국가의 금융위기가 어떻게 하여 소시민의 일상생활까지도 곤경에 빠지게 하는지는 이 책이 명쾌하게 설명하고 있다.

이 책은 *The Great Financial Crisis : Causes and Consequences* (John Bellamy Foster와 Fred Magdoff 공저, Monthly Review Press, 2009)를 우리말로 옮긴 것이다. 이 책에 실린 글들은 저자들이 밝혔듯이 대부분 『먼슬리 리뷰』지에 실렸던 것들이다. 이 잡지는 1949년에 창간된 이후 일관되게 사회주의를 대변하고 미국의 제국주의를 비판해 왔으며, 편집진과 필진은 당대를 대표하는 마르크스주의 학자, 경제학자, 작가들이(었)다.

이 책의 번역과 편집과정에서 여러 가지 지원을 아끼지 않은 인간사랑 여국동 사장과 직원들, 특히 편집실 홍 선생과 윤 선생에게 감사드린다. 이 책의 주장에 공감하여 배움이 깊지 못한 역자가 과욕을 부린 탓에 번역이 잘못된 부분이 있을 것이지만 그것은 순전히 역자가 책임져야 할 몫이며, 그 때문에 원작에 누가 되지 않기를 빈다.

2010. 9.

역자 씀

서문

2008년 11월 6일

미국 경제와 세계 경제의 반전(反轉)에 관해 지난 몇 달 동안 쏟아져 나온 평론 가운데서 미국의 풍자잡지 『양파』(*The Onion*)에 실린 기사만큼 정곡을 찌른 글은 없을 것이다. 2008년 7월 14일, 이 잡지에 실린 기사의 제목은 "경제후퇴의 저주에 빠진 나라에게 필요한 것은 투자할 새로운 거품"이었다. 『양파』지는 다음과 같은 장난기 어린 기사를 실었다 : "미국 경제는 건전한 투자만으로는 살아남을 수 없다. … 몇 달 전 서브프라임 모기지(비우대금리 주택담보대출) 거품이 꺼진 후 금융업계가 적당한 공상 속의 수익원을 찾아나서자 새로운 투자거품이 일기 시작했다. 그러나 시간이 흐를수록 대체거품은 등장하지 않았고, 투자자들은 최악의 시나리오—경제학자들은 그것을 '현실세계의 반격'이라고 부른다—가 현실화되

지 않을까 걱정하기 시작했다." 또 한 차례의 금융거품이 일지 않으면 경제가 침몰할 것임을 비아냥거리는 이 기사에서 『양파』지는 유력한 경제분석가의 말을 인용했다 : "시카고의 투자가 밥 타이켄은 '미국 경제는 또 하나의 거품을 필요로 한다. 현시점에서 우리가 가라앉지 않고 계속 헤엄치려면 거품이 유일한 해법'이라고 말했다."[1] 아이러니이기는 하지만 『양파』지는 현대의 독점-금융자본의 핵심적인 문제—생산의 정체와 그 대응책으로 등장한 금융거품의 성장, 거품이 걷히면 우리는 출발점으로 되돌아가게 된다. 즉 **현실세계의 반격이다**—를 정확하게 짚어냈다. 이 책에서 하고 싶은 얘기는 바로 이것이다.

세계사적인 사건의 절정을 제대로 표현하려면 적절한 명칭이 필요하다. 1930년대의 대공황은 자본주의 역사에 등장했던 어떤 경제붕괴 사태보다도 극심했기에 지금까지 언제나 대문자로 표시해 오고 있다. 대공황 이후 최악의 금융위기의 한가운데에 있는 지금의 사태를 어떤 사람들은 "대금융위기"라고 부르기 시작했다.[2] 80년 전인 1929년에 주식시장이 붕괴되고 뒤이어 대공황이 시작되었던 것과 마찬가지로, 지금의 대금융위기는 경제사의 한 전환점이

지만 그 파장이 어디까지 미칠지 지금으로서는 전모를 예측할 수가 없고, 오로지 이 위기를 맞아 사람들이 어떤 구체적인 행동을 하느냐에 달려 있을 따름이다. 우리는 이 책에서 현재 진행 중인 대금융위기의 원인과 결과, 그리고 대다수의 사람들이 경제학이라는 사실상 정치경제임을 깨달았을 때 어떤 선택을 할지를 살펴보고자 한다.

사실상 이 책은 "거인들의 어깨에 올라앉아 세상 바라보기"인 셈이며, 그 거인들도 다른 거인들의 어깨에 올라앉았기에 세상을 폭넓게 볼 수 있었다. 앞으로 차차 설명하겠지만 이 책은 폴 배런(Paul Baran), 폴 스위지(Paul Sweezy), 해리 맥도프(Harry Magdoff)가 쌓아올린 기초 위에서 쓰여졌고 이들은 또한 마르크스, 베블렌, 슘페터, 케인즈, 칼레츠키, 스타인들, 민스키 같은 선각자들의 저작에 의존했다. 그러므로 이 책이 우리들의 독창적인 저작이라고 주장하지 않겠다. 이 책은 오랜 세월을 거치면서 발전해 온 분석틀을 물려받아 현재의 역사적 단계에 적용함으로써 보통 사람들에게 대중운동을 통한 급격한 변화가 왜 필요한지를 설명하려는 시도에서 나왔다. 우리는 사람들이 대금융위기를 분석한 이 책을 읽고서 배런, 스위지, 맥도프 … 그리고 마르크스의 보다 거시적이고 심오한 분석에 접근해 가게 되기를 희망한다.

이 책 『대금융위기』의 핵심적인 내용은 『먼슬리 리뷰』(*Monthly Review*)에 이미 실렸던 것이다. 『먼슬리 리뷰』는 1949년 이래로 미국 내부의 비판적 관점과 독립적인 사회주의자들의 목소리를 생생하게 대변해 왔다. 이런 노력을 격려해 준 『먼슬리 리뷰』의 독자들은 물론이고 직접 작업에 참여한 사람들은 헤아릴 수 없이 많다. 그렇기는 하지만 여기서는 이 책을 쓸 때 직접적인 도움을 준 동료들에게는 감사의 인사를 하지 않을 수 없다. 브렛 클라크, 존 메이지, 클로드 미스키에비치, 마틴 파디오, 존 J. 심슨, 마이클 예이츠에게 특별히 감사를 드린다. 이들보다 결코 적지 않은 도움을 준 스캇 보처트, 요시에 후루하시, 한나 홀먼, 라이언 조나, 빅터 월리스에게도 감사를 드린다. 캐리 앤 나우모프와 에이미 드마리스트도 우리를 돕고 자신들의 삶을 통해 모범을 보여주었다. 해리와 폴과 함께 했던 가장 즐거운 추억을 간직하고자 이 책을 그들에게 바친다.

도론(導論)

대부분이 누구도 의도하지 않았던 "영향",

그것을 기록한 것이 역사이다.

_요셉 슘페터(1939)[1]

2007년 늦은 여름 베어 스턴스의 두 개 헤지펀드가 파산했을 때 그것이 대금융위기의 시작임을 알아차린 사람은 없었다. 정부가 파장을 막기 위해 여러 가지 시도를 했음에도 불구하고 다음해에 상황은 더 나빠졌다. 이제는 대공황 이후 최악의 경제위기가 찾아왔다는 사실을 누구나 인정하고 있다. 실제로 경제평론가이자 뉴욕타임스의 칼럼니스트인 폴 크루그먼은 2008년 말에 "두 번째의 대공황이 일어날 가능성"을 언급했다.[2]

전임 연방준비이사회 의장 앨런 그린스펀은 "한 세기에 한 번

생길 수 있는 신용 쓰나미"라고 비유했지만, 대금융위기는 역사적인 사건이라기보다는 자연스러운 현상일 따름이다.[3] 이것은 자본주의 역사에서 당연한 발전과정이면서 동시에 여러 면에서 역사적으로 전례가 없는 사태이기도 하다. 대금융위기의 전조라고 할 수 있는 일련의 경제충격이 있었다. 1987년 미국 주식시장 붕괴, 1980년대 말과 1990년대 초 미국의 저축과 대출위기, 1990년대 일본의 금융위기와 장기침체, 1997-1998년 아시아 금융위기, 2000년 신(닷컴)경제의 붕괴 등은 규모는 작지만 그 의미에 있어서는 대금융위기에 못지않은 사건들이었다. 여하튼 대금융위기가 규모면에서는 최대이다. 미국 경제뿐만 아니라 세계 경제 전체가 장기침체의 국면을 맞아 심각한 하강을 경험하고 있다. 왜 이런 일이 일어났을까? 새로 들어선 오바마 행정부가 경제하강의 물길을 돌려놓으리라고 기대해도 좋을 합리적 근거는 있는가?

이 질문에 대한 의미 있는 해답을 찾자면 1930년대까지 거슬러 올라가 역사적으로 조망해 봐야 할 것이다. 20세기의 가장 뛰어난 경제학자인 존 메이너드 케인즈는 일찍이 대공황 시기에 자본주의는 완전고용이 없이도 성장과 이익을 실현하는 쪽으로 회귀할 수

있다고 주장했다. 존 케네스 갈브레이스는 『불확실성의 시대』(*The Age of Uncertainty*) 에서 다음과 같이 말했다 :

> **케인즈가 내린 기본적인 결론은 … 아주 간단하다. 지금까지는 경제 체제, 즉 어떠한 형태이든 자본주의 체제는 완전고용 하에서 안정을 이룰 수 있다고 믿어왔다. 자본주의 체제는 간섭하지 않고 내버려두면 저절로 조용해진다는 생각이었다. 케인즈가 현대 경제는 지속적이고 심각한 불완전고용 상태에서도 안정을 찾을 수 있다는 것을 보여주었다. 이후로 경제학자들은 자본주의의 완벽한 정상상태를 불완전고용 안정이라고 부르게 되었다.[4)]**

미국 내에서 케인즈의 충실한 추종자였던 앨빈 핸슨은 이런 논리를 그대로 이어받아 1938년에 『완전한 회복인가 아니면 정체인가?』(*Full Recovery or Stagnation?*) 라는 문제를 제기했다(책의 제목이 바로 그것이었다). 그는 자본주의는 본질적으로 완전고용과 고속성장의 경로를 따르지 않으며, 수십 년간 또는 영구적으로 저성장과 고도의 실업/불완전고용과 설비과잉 상태, 다시 말해 정체상태에 머물 수

있다고 보았다.[5)]

케인즈는 1936년에 출간한 고전적 저서 『고용, 이자 및 화폐의 일반이론』(*The General Theory of Employment, Interest and Money*) (과 그 밖의 대공황기에 발표한 저서들)에서 자본주의 하에서 축적과정(저축과 투자)의 몇 가지 내적 결함에 대한 문제를 제기했다. 그는 저조한 투자에 이르는 요인들을 중점적으로 분석하였다. 자본주의 경제가 온전하게 작동하려면 생성된 잉여(또는 저축)가 새로운 생산설비에 투자되어야만 한다. 그런데 케인즈는 현재의 산출수준을 결정짓는 투자결정은 미래—수년 또는 수십 년 후—에 기대되는 투자수익을 바탕으로 하기 때문에 현대 자본주의의 투자는 최상의 경우라고 할지라도 위험을 감수하는 행위라고 주장했다. 불확실성이 지배하는 이런 상황에서는 확장을 제약하는 어떠한 외부요인이라도 감지되기만 한다면, 다시 말해 소비자 상품의 시장이 포화상태에 이르거나 설비과잉 등 어떠한 요인에서든 투자부족이 발생할 수 있다. 노동자계급의 상대적인 구매력을 억제하는 고도의 불평등은 소비를 위축시키고, 그 결과 새로운 투자에서 나오는 기대이익을 저하시킨다. 투자감소는 고용, 소득, 지출을 감소시키는 악순환으로 이어져 금

융문제를 일으키고 사업환경 전체에 부정적인 영향을 미쳐 경제하강과 추가적인 투자하락을 야기한다.[6]

케인즈는 이러한 자본주의 투자과정의 내부모순에 주목했다. 케인즈의 『일반이론』이 미국에서 받아들여지게 된 데는 1937년의 경제후퇴가 큰 영향을 미쳤다. 당시 미국 경제는 심각한 하강국면에 들어가 실업률이 14%에서 19%로 급증하는 등 대공황으로부터 완전히 벗어나지 못하고 있었다. 전체 노동력의 약 20% 가량이 1929년의 주식시장 붕괴 이후로 10년 가까이 실업상태로 남아 있는 상황에서 경제학자들은 지속적인 경제정체와 씨름하고 있었다. 핸슨은 주류 경제학의 시기를 고려하지 않는 기계적 모델에서 벗어나 케인즈 경제학의 장기적 의미를 강조하면서 "정체론"을 제시했다.

핸슨은 일정 기간 동안 자본주의 경제의 높은 성장률을 가능케 하는 특정한 역사적 동인에 주목했다. 그 동인은 역사적인만큼 일시적이어서 시간이 지나면 사라지는 것이었다. 뿐만 아니라 "장기정체"는 자본주의 경제의 "성숙기" 진입을 부분적으로 설명해 줄 수 있었다. 산업의 주요 구성요소는 산업화 초기의 잔재를 바탕으

로 구축되어 왔다. 그러므로 투자는 새로운 순투자보다는 단순한 설비교체(보다 효율적인 설비와 장비를 갖추기 위한 것이기는 했지만)에 집중되어 있었다. 그 결과는 요셉 슘페터가 핸슨에게 반론을 제기하면서 제시한 "투자기회소멸론"이었다(핸슨 자신도 이 용어를 받아들였다). 1954년에 조셉 스타인들(Josef Steindl)의 『미국 자본주의의 성숙과 정체』(*Maturity and Stagnation in American Capitalism*)에 대한 서평에서 핸슨은 "정말로 극적인 조치를 취하지 않으면 미국은 앞으로 수년 내에 샛길로 빠지거나 미끄러져 넘어질 심각한 위험을 안고 있다. 우리가 도달할 수 있는 GNP 성장에 비추어 볼 때 그와 같은 상황은 사실상 정체를 의미한다"고 썼다.[7)]

폴란드의 마르크스주의 경제학자 미칼 칼레츠키(Michal Kalecki)—그는 케인즈 이후로 가장 뛰어난 "케인즈주의 혁명"의 사상가란 평을 들었다. 그는 심지어 케인즈보다 앞서서 케인즈 이론의 주요 돌파구를 찾아냈다—가 핵심을 간명하게 정리하였다 : "우리의 분석에 따르면 … 장기발전은 자본주의 경제의 본질이 아니다. 그러므로 장기 상향운동이 지속되기 위해서는 특별한 '발전요인'이 필요하다."[8)]

1950년대와 1960년대의 번영기—훗날 이 시기는 전후(戰後)의 "황금기"라 불리게 된다—동안에는 주류 경제학에서는 정체에 관한 우려와 논의가 대부분 사라졌다. 케인즈의 발견은 미국 주류 경제학의 입맛에 맞게 "신고전학파-케인즈주의"로 변형되었다[케인즈의 젊은 동료 조안 로빈슨(Joan Robinson)은 이를 "케인즈주의의 타락"이라고 비하했다].[9] 이 시기의 주류 경제학자들은 자신감에 가득 차 있었고, 신고전학파-케인즈주의의 주도적 인물이었던 폴 세뮤엘슨은 1964년에 "토마스 칼라일이 다시 살아난다면 경제학이라는 그렇게 음울한 학문이 아니었다는 걸 알고 안심하게 될 것이다. 경제학이라는 즐거운 학문이었을 뿐만 아니라 성장을 갈구해 왔다"고 썼다.[10] 그러나 근본주의 케인즈학파와 마르크스주의 경제학자들은 당시의 주류의 관점에 동의하지 않고 계속 정체의 문제를 제기했다. 이들은 정체는 독점자본주의 경제의 핵심적인 문제이며, 1960년대의 번영은 단기적인 자극에 의한 것이므로 지속될 수 없다고 주장했다.

1960년대의 이와 같은 주장을 담은 대표작이 1966년에 나온 폴 배런과 폴 스위지의 공저 『독점자본』(*Monopoly Capital*)이었다. 이

들은 "독점자본의 정상상태가 정체"라고 주장했다.[11] 배런과 스위지는 마르크스주의 경제학자였다(스위지는 하버드대학의 경제학 교수 출신이었고 배런은 스탠포드대학의 경제학 교수였다). 두 사람은 케인즈에게서 강한 영향을 받았고 칼레츠키(뿐만 아니라 마르크스, 베블렌, 슘페터)로부터는 더 큰 영향을 받았다. 두 사람의 분석에 의하면, 거대한 생산성을 가진 독점자본주의 경제가 과점적 가격결정을 통해 만들어낸 막대하고도 계속 증가하는 잉여는 소비와 투자라고 하는 정상 통로가 흡수할 수 있는 수준을 초과했다.[12] 유효수요는 정부의 민수분야 지출—독점자본 하에서 이 분야의 지출은 사적 이윤의 영역을 침범하기 때문에 정치적인 제약을 받았다—을 추가하더라도 불충분한 수준에 머물렀다. 그러므로 체제는 생산을 확대하는 외부 자극제로서 군수분야 지출, 판매확대 노력, 투기적 금융 등의 낭비를 만들어내는 일에 의존하게 되었다. 그러나 체제가 굴러가자면 이 모든 자극제는 갈수록 더 많이 투입되어야 하기 때문에 경제를 받쳐주는 적절한 수단이 될 수 없었다.[13]

배런과 스위지의 저서가 나오고 나서 몇 년 후에 경제위기가 다시 찾아왔고, 미국과 선진자본주의 경제의 성장률은 1950년대와

1960년대의 극적인 성장률과 이별하게 되었다. 조안 로빈슨의 재치 있는 표현을 빌리자면 번영의 "황금기"는 처음에는 "절뚝거리는 황금기"로 접어들었다가 "무거운 납빛의 시대"로 변했다. 하강기 또는 정체기는 이번에는 수십 년 동안 지속되었고, 시간이 흐를수록 심해졌다. 로빈슨은 미국에서 나타난 정체를 설명하면서 "완만한 후퇴에서 회복될 때마다 현실에서 나타난 최고의 성적과 기대치 사이의 간격은 더 벌어졌다"고 표현했다.[14)]

케인즈, 칼레츠키, 핸슨, 배런, 스위지, 로빈슨 등이 투자의 문제를 밝혀냄으로써 정체이론이 수립되었다고 한다면, 케인즈의 두 번째 중요한 업적은 투자가 자본축적의 어두운 미래와 깊은 연관을 갖고 있음을 밝혀낸 것이었다. 그러나 1970년대 이전까지는 비판적인 경제사상가들조차도 이처럼 중요한 의미를 알아차리지 못했다. 케인즈는 1929년의 주식시장 붕괴를 분석하면서 자본주의 경제에서 금융은 모순된 역할을 한다는 사실을 지적했다.[15)] 현대 기업의 발전은 증권시장과 경제 전반에 걸쳐 부채-신용의 역할이 확대된 것과 떼려야 뗄 수 없는 관계를 갖고 있다. 케인즈는 주식시장은 투자자들이 생산에 투자할 때에 따르는 위험을 줄이고자 부에

대한 권리를 보다 손쉽게 양도할 수 있는 증서 형태로 보유하려는 욕구에서 나왔다고 설명했다. 그런데 일단 주식시장이 성립되자 자본주의는 점차 두 가지 상이한 가격결정 구조—실체가 있는 생산품의 가격결정과 금융자산의 가격결정—를 갖는 양면성을 띠게 되었다. 두 구조는 분리되어 작동했다. 기업의 장기성 자산이 투자자들이 쉽게 양수(讓受)도 할 수 있는 단기성 매매약정으로 변환되자 갈수록 경제는 부의 권리를 담고 있는 종이에 대한 투기의 볼모가 되었고, 그 결과 취약성과 불안정성이 높아졌다는 게 케인즈의 설명이었다. 그는 대공황 초기에 다음과 같은 분석을 제시했다 :

> 세상에는 자본적 부를 구성하는 여러 가지의 실물자산이 있다. 건물, 상품재고, 생산 중이거나 운송과정에 있는 제품 등이 그것이다. 그런데 이런 자산의 명목상의 소유자는 그것을 점유하기 위해 화폐를 빌리는 경우가 적지 않다. 이와 대등한 정도로 부의 실질적인 소유자는 실물자산이 아니라 화폐에 대한 권리를 갖고 있다. 이런 "금융"의 상당부분은 은행체계를 통해 이루어진다. 은행은 은행에 돈을 빌려주는 예금주와 실물자산을 구매하기 위해 은행으로부터 돈을 빌려 재원을

조달하는 차입고객 사이에서 보장의 역할을 한다. 실물자산과 부의 소유자 사이에 돈이라는 장막이 끼어드는 것이 현대 사회의 뚜렷한 특징이다.[16)]

케인즈는 현대의 금융구조가 주기적으로 주식시장을 생산으로부터 분리시키며, 그렇게 되면 필연적으로 투기의 거품이 꺼져 체제 전체를 불안정하게 만들 가능성이 있다고 보았다. 이런 상황은 돈의 장막이 존재한다는 점, 은행체계가 소용돌이의 한가운데로 끌려드는 경향이 있다는 사실 때문에 더욱 악화되었다. 지금은 흔히 인용되는 바이지만 케인즈는 『일반이론』에서 "투기(업)자는 기업활동의 꾸준한 흐름 위에 끼인 거품으로서 아무런 해가 되지 않을 수 있다. 그러나 기업이 투기의 소용돌이 위에 뜬 거품이 되면 사태는 심각해진다"고 지적하였다.[17)]

금융에 관한 케인즈의 통찰력을 재발견하고 이를 발전시킨 공로는 워싱턴대학(세인트 루이스)에서 오랫동안 경제학 교수로 재직하면서 "금융불안정 가설"을 세운 하이먼 민스키(Hyman Minsky)에게 돌아가야 할 것이다. 민스키는 사회주의 성향의 경제학자로서

케인즈, 칼레츠키, 핸슨의 저작으로부터 깊은 영향을 받았다. 그는 금융불안정 가설을 통해 선진자본주의 경제의 금융구조는 끊임없이 경제의 동력을 취약하게 만듦으로서 결국에는 경제 전체가 대공황과 같은 부채-디플레이션에 빠지게 하는 내적 결함을 갖고 있다고 주장했다. 민스키는 (금융의) 지속적인 확장이 "효력을 발휘"하기 위해서는 상시적인 현금유입(특히 이윤)에 의존하지 않을 수 없는 것이 선진 금융제도의 아킬레스건이라고 보았다. 시간이 갈수록 금융체계의 불안정성이 증가하여 부채 위에 쌓인 부채라고 하는 거품은 언젠가는 수익을 통한 현금유입의 감소가 찾아오면 꺼지게 마련이다. 그러므로 현대 경제는 최후의 의지수단인 정부로부터의 차입에 주기적으로 의존하게 되었다. 왜냐하면 주요 국가에서는 정부가 중앙은행이나 재무부라는 형태로 금융제도의 중심부를 차지하고 있어서 부채-디플레이션이라는 위기를 피하자면 유동성을 공급하는 금융구조의 버팀목 역할을 맡아야 하기 때문이다. 그러자면 정부는 최후의 대출자로서 대규모의 통화유입을 통해 금융위기를 막아내는 큰 정부, 다시 말해 경제개입의 규모가 큰 정부가 되지 않을 수 없다.

민스키가 내린 결론은 신랄했다 : “자본주의는 그 발전을 통제하지 않으면 주기적인 정체와 빈곤이 영속적으로 발생한다는 점에서 결함 있는 체제이다.” 그는 자본주의가 반드시 심각한 정체를 낳는 것은 아니지만 금융체계의 규모증대 및 취약성 증가와 정부의 최후의 대출자 역할의 확대가 언제나 상승작용을 해왔다고 주장했다. 여기서 문제가 되는 것은 금융시장에 일정한 제재를 가하지 않으면 정부의 최후의 대출자 역할이 금융시장의 거품확산을 따라잡을 수 없다는 점이다. 그런데 투기적 성장의 본질 자체가 거품이 꺼지려는 징조가 나타날 때마다 그러한 재제를 모두 제거할 것을 요구해 왔다.[18)]

민스키 이외에도 많은 비주류 경제학자들이 자본주의의 금융불안정성에 주목해 왔다. 이 문제에 관하여 1960년대부터 1990년대에 이르기까지 줄기차게 비판적 통찰을 해온 인물이 해리 맥도프와 폴 스위지였다. 그들은 논문 한 편 한 편을 이어가면서 끊임없이 경제의 무게중심이 생산에서 금융으로 이전되는 상황—훗날 “금융화”라고 불리게 된다—과 정체의 상관관계를 밝혀냈다. 맥도프는 뉴딜 시대에 경제분석국에서 월간으로 발행하던 『서베이 오브

커런트 비즈니스』(*Survey of Current Business*)의 발행책임을 맡았던 경제학자였다. 그는 일찍이 1965년에 기반경제와 대비하여 부채가 장기적으로 증가하는 것은 정체경향을 의미한다고 지적했다.[19] 그 후 10년 동안 맥도프와 스위지는 『먼슬리 리뷰』를 통해 독점자본주의의 이와 같은 경향을 해마다, 때로는 월별로 추적하는 작업을 진행했다.

맥도프와 스위지는 민스키의 금융불안정 이론이 1960년대 중반에 이미 드러나고 있었고, 1970년대에는 가속화되고 있던 정체의 재등장을 분명하게 파악하지 못했다고 비판했다. 미국 자본주의에서 금융부문의 역할이 중대한 변화를 하게 될 조건은 이 때에 갖추어졌다. 금융부문은 자본축적 과정의 온건한 조력자에서 점차로 그 과정의 추진동력으로 변모했다. 생산적 투자라고 하는 주 엔진이 약해지자 투기적 금융은 성장의 동력을 제공하는 제2의 엔진이 되었다. 그 결과는 역사적으로 경기순환의 정점에서 나타나던 단순한 투기열풍을 넘어 가속적인 부채누적 과정이 항구적이고 제도화된 경제현상으로 변한 것이었다. 생산 내부에서 투자기회가 정체되자 잉여를 방출하여 이윤을 추구하는 자본의 속성에다 자산가격은

일반적으로 상승하기만 한다는 믿음까지 더해져 지속적인 금융팽창을 만들어냈다. 체제가 작동하기 위해서는 갈수록 연속적인 금융거품에 의존하게 되었고, 거품은 거듭될수록 커져갔다. 이런 과정이 진행되면서 자본의 가치저하에 대한 우려가 커져갔지만 엄청난 규모로 팽창한 금융은 정체의 줄기가 꾸준히 뻗어나가는 것을 막을 수 없었다.

맥도프와 스위지는 정체와 금융화의 "공생적 관계"가 독점단계 자본주의의 핵심적인 딜레마라고 보았다. 경제는 금융화 없이는 살아갈 수 없었고, 종국에 가서는 금융화와 함께 살아갈 수도 없었다.[20]

맥도프와 스위지의 분석에서 나온 결론이기도 하거니와 이 책에서 우리가 주장하고자 하는 바는 경제의 최근 역사를 현실주의적으로 평가하기 위해서는 독점자본의 정체경향과 어느 정도 그것에 맞서는 힘 사이의 상호관계를 주목해야 한다는 점이다. 지난 30년 동안 정체를 상쇄시킨 가장 큰 힘은 우리가 이제는 "독점-금융자본"이라고까지 말할 수 있게 된 금융화였다. 1960년대 이후의 미국(과 선진자본주의 전체) 경제의 특징인 부채와 투기의 팽창은 체제

가 밑바닥에 깔린 정체의 경향을 극복하지 못하면서도 불황의 늪에 빠지지 않고 그럭저럭 버틸 수 있었던 수단이 무엇이었는지를 보여준다. 또한 이 복잡한 역학관계 속에서 현재의 경제적 곤경에 대한 해답을 찾을 수 있다. 이러한 상황은 [도표 1]에 분명하게 나타난다. [도표 1]은 GDP에 대비한 상품생산의 비율은 하락하는 반면에 부채의 비율이 증가하고 있음을 시계열 지수(1959 = 100)를 이용하여 보여주고 있다. GDP에 대비한 상품생산과 부채의 비율이 서로 반대방향으로 전개되고 있을 뿐만 아니라 두 비율 사이의 간격이 급속하게 벌어지고 있다.

여기서 우리는 두 가지를 주목해야 한다. 첫째, GDP에 대비한 부채의 증가로 나타나고 있는 금융화는 장기적인 경향이며, 1980년대부터 가속화되었다는 점이다. 역사적으로 대부분의 투기열풍은 경기순환의 정점에서 단기적으로 나타나는 현상이었지만 [도표 1]에서 보듯이 지금의 부채급증은 단기적인 현상이 아니다. 둘째, 금융팽창을 통해 거대한 경제부양이 있었음에도 불구하고 GDP에 대비한 상품생산의 정체는 시간이 지날수록 악화되고 있다는 점이다.

[도표 1] GDP와 대비한 부채와 상품생산의 비율

(1959 = 100)

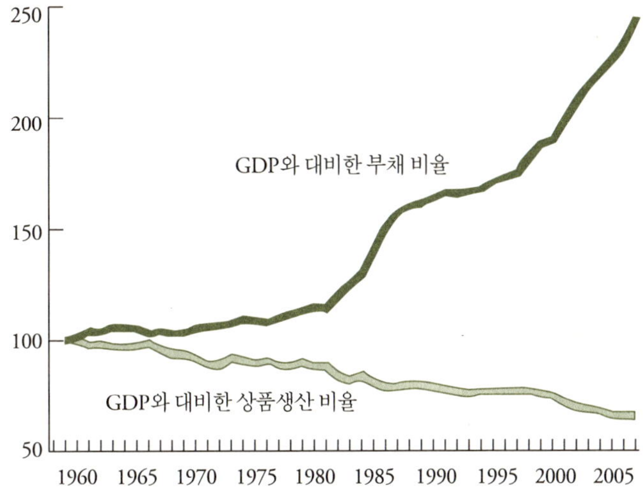

자료 : 연방준비이사회, 미국의 자금계정의 흐름, "신용시장 부채 잔액," 표 L. 1 ; 「대통령 경제보고, 2008」, "GDP, 1959-2007," 표 B-1과 "주요 생산양식별 GDP, 1959-2007," 표 B-8을 기초로 다시 작성하였음.

어떤 분석가들, 특히 좌파 분석가들은 금융을 단순한 기생적 현상으로 보고 싶어한다. 그들은 재원이 생산적인 투자가 되도록 흐름을 바꾸면 문제는 해결된다고 생각한다.[21] 그러나 이 책의 저자들은 앞에서 주장한 바처럼 그들과는 다른 견해를 갖고 있다. 우

리는 1960년대에 일어난 미국과 여타 선진자본주의 국가의 금융팽창은 독점-금융자본 하의 축적방식에 뿌리를 둔 근원적인 정체경향의 증상이라고 본다. 진정한 문제는 금융화(또는 오늘날의 금융화 위기)가 아니라 바로 자본축적이다.

마르크스는 자본은 호황기에 필연적으로 과잉확장되며, 이어지는 위기에서는 이 자본의 일부가 저평가됨으로써 나머지 자본이 이윤을 찾아 축적과 확장의 과정으로 회귀한다고 설명하였다. 그러므로 위기는 "자본의 과잉생산"에서 생겨난 결과이다. 사실상 "자본주의적 생산의 진정한 장애물은 자본 자신이다."[22] 오늘날 자본주의 체제는 복합적인 방식으로 이 장애물에 부닥쳐 있다. 금융팽창의 재원이 되었던 거대한 잉여자본이 자본주의 역사의 현 단계에서, 그리고 현존하는 불평등구조 하에서는 생산적인 투자로 흡수될 가능성은 없다. 아울러 금융화 과정 자체가 지금 위기에 빠져 있다.

이 모든 것들이 이 책이 설명하고자 하는 상황의 배경이다. 대금융위기의 원인을 분석하고 이어서 그 결과가 어떤 모습으로 드러날 것인지 설명한 글들은 원래 현재의 위기가 형태를 갖추기 시작하던 2006-2008년 사이에 연속적인 분석으로서 쓴 글들을 발표시

점의 순서대로 배열한 것이다. 전반부의 다섯 개 장은 정체-금융화 관점이 위기의 매 단계에서 어떻게 구체적인 분석도구로서 적용될 수 있는가를 보여주기 위해 발표된 당시의 내용 그대로(약간의 편집 기술상의 수정을 제외하고는) 실었다.[23] 여섯 번째 장(과 이 도론)은 이 책을 위해 새로 쓴 글이다. 원인을 다루는 제1부에서는 가계부채의 거품(제1장)을 살펴보는 데서 시작하여 보다 큰 범위의 부채와 투기의 폭발(제2장), 독점-금융자본의 등장(제3장), 그리고 마지막으로 자본의 금융화(제4장)라는 큰 문제를 차례대로 짚어보았다. 결과—위기의 실제모습과 장기적인 의미—를 다룬 제2부에서는 금융화의 위기와 대금융위기(제5장)에서 시작하여 2009년이 다가오면서 드러난 금융위기의 내적 파장 전모(제6장)를 분석해 보았다. 마지막 장에서는 위기의 정치-경제적 의미를 짚어보았다.

우리는 세계 금융위기를 미국 경제의 맥락에서 살펴보는 데 초점을 맞추었고, 필요한 경우에만 제한적으로 선진자본주의 경제, "신흥"국가의 경제, 저개발국가의 경제, 그리고 세계 경제를 언급하였다. 또한 우리는 미국의 재정적자 또는 기축통화로서의 달러의 역할에 대해서는 이 책에서 논하지 않기로 하였다.[24] 물론 이런 주

제도 중요하다. 우리가 이런 제한을 둔 이유는 자본주의의 주요 모순을 이해하기 위해서는 (19세기에 마르크스가 강조했듯이) 자본주의 발전의 특정 단계에서 가장 주도적인 자본주의 경제(19세기에는 영국, 20세기와 21세기 초에는 미국)의 관점에서 보아야 한다고 확신하기 때문이다. 뿐만 아니라 의심의 여지 없이 미국은 현재의 경제적 불벼락의 진원지이다. 마지막으로 대금융위기가 어떻게 세계로 퍼져가는지를 파악하기 위해서는 미국의 쇠퇴하는 정치적·경제적·군사적 헤게모니를 이해해야 한다. 그러므로 미국 경제에 초점을 맞추고 있지만 더 큰, 그리고 이 책에서 말하지 않은 얘기를 이해하는데 도움이 될 것이다.

우리는 대금융위기가 던지는 질문은 궁극적으로 경제가 아니라 정치적인 것이라고 믿고 있다. 많은 사람들이 새로 들어선 오바마 행정부가 이 위기와 그것이 가져올 최악의 영향을 극복하기 위해 미국을 변화시킬 기회를 만들 것이며, 그런 시도가 새로운 뉴딜정책으로 나타나기를 희망하고 있다.[25] 그렇다면 우리는 이렇게 묻고 싶다 : 1930년대 후반 루즈벨트의 두 번째 임기 때와 같은 규모로 새로운 뉴딜정책을 만들어내는 일이 가능한가? 또는 더 나아가 정부의 민수부문 지출을 늘리고 진보적인 사회변화를 만들어낼 수 있는가? 존 케네스 갈브레이스는 2004년에 출간한 『결백한 사기의 경제학』(*Economics of Innocent Fraud*, 『경제의 진실』, 이해준 역, 지식의 날개, 2007)에서 다음과 같이 썼다 : "완전하게 신뢰할 수 있는 불경기 대책은 소비자 수요의 견고한 흐름이다. 이런 흐름이 붕괴된 것이 경기후퇴이다. 정체와 후퇴에 빠진 미국에서는 저소득 시민들을 위한 여러 형태의 교육, 의료, 기초생계비 등의 지원이 절실하게 필요하다."[26) 이러한 목적의 조화로운 지출계획이 위기를 끝나게 할 것인가?

우리의 답변은 복합적이지만 여기서는 간단하게 언급하겠다. 첫째, 1930년대의 대공황으로부터 미국을 구출한 것은 뉴딜정책에 포함된 정부의 민수부문 지출이 아니라(1938년에 노동자 다섯 가운데 한 사람은 여전히 실업상태였다), 1939년에 시작된 다가오는 제2차 세계대전을 준비하기 위한 거대한 군사지출이었음을 기억해야 한다. 전시수요의 자극 때문에 미국 경제는 단지 6년 동안에 규모가 70% 확대되었다. 그런데 오늘날 미국의 군사지출은 전 세계 군사지출의 거의 절반을 차지하고 있는데(2007년 한 해 동안 미국의 군사지출은 공식

적으로는 5,500억 달러를 넘지만 실제로는 1조 달러이다)—이 지출은 모두 역사상 가장 거대한 제국을 유지하는 데 쓰이고 있다—이 거대한 전쟁기계는 대폭적으로 축소되어야 한다. 대공황으로부터 빠져나온 방법을 되풀이하여 적용하면 세계를 초토화시키지 않을 수 없다. 그뿐 아니라 미국 사회의 발전을 위한 프로그램은 미국이라는 제국을 해체하는 데서부터 시작하지 않으면 출발점에서부터 왜곡될 수밖에 없다.[27)]

둘째, 현재 미국의 세력관계로 보아서는 뉴딜정책을 복사하려는 어떤 시도도 그렇게 많은 동력을 확보하지 못할 것 같다. 현재와 같은 게임의 법칙 하에서는 그와 같은 시도는 시작부터 강고한 기득권 집단에게 발목을 잡힐 것이다. 그렇다고 해서 새로운 뉴딜정책이 진보적인 정신을 바탕으로 한다면[예컨대 1930년대의 노동발전국(Works Progress Administration) 같은 프로그램] 일반대중을 위기에서 구하고 불평등을 축소시키는 데 상당한 효과를 거둘 수 있다는 것을 부정하는 것은 아니다. 그러나 새로운 뉴딜정책은 자본주의의 자기모순에 함몰될 가능성이 높다.

여하튼, 만약 급진적인 개혁운동이 실제로 일어났지만 결과적

으로 체제의 부정의와 비이성성을 제거하는 데 실패할 것이라면(우리는 필연적으로 그렇게 되리라고 믿고 있다) 옛날을 본받을 필요는 없다. 그렇다면 정치-경제구조 전체를 대중의 진정한 수요를 충족시킬 수 있고 민주적인 통제 하에 둘 수 있는 체제, 다시 말해 사적인 소유가 아니라 사회적인 이용을 우선시하는 체제로 바꾸는 것이 마땅하다. 전 세계의 대중은 이미 유일하게 합리적인 해법은 현재의 부패한 체제를 집단적인 수요를 추구하는 보다 인간적인 질서로 대체하는 것임을 알고 있다. 수세기 동안 사회적 진보를 지지하는 사람이나 반대하는 사람 모두가 대중지향의 이와 같은 경제와 사회를 "사회주의"라고 불러왔다. 이보다 더 나은 명칭은 없다는 것이 우리의 생각이다.

1부
원인

왜 뉴욕발 금융위기는 그토록 자주 일어날까? 왜 뉴욕발 금융위기가 발생하면 전 세계의 모든 생산경제가 위축될까? 자본주의 경제에서 금융의 온당한 역할은 무엇이어야 하나? 이런 의문에 대해 저자들은 가장 선진적인 자본주의 국가인 미국의 경제를 들어 답을 제시하고 있다.

CHAPTER **01**

가계부채의 거품

2006년 5월

계급기반의 불평등한 소득분포가 소비와 투자의 결정요인이라는 것이 자본주의 경제의 부정할 수 없는 진실이다. 소비재에 얼마나 지출하느냐는 노동계급의 소득에 달려 있다. 노동자들은 소득의 전부 또는 거의 전부를 소비에 지출한다. 2003년의 경우 미국의 소득분포 하위 60%의 가구에서는 평균 개인 소비지출이 세전소득과 같거나 세전소득을 초과하였고, 전체 인구의 1/5에 해당하는 바로 위 계층에서는 세전소득의 5/6(나머지 소득의 대부분은 분명히 세금으로 나갔을 것이다)를 소비에 사용했다.[1] 반면에 소득 피라미드의 상층부—자본가계급과 그들에게 기생하는 상대적으로 부유한 계층—에서는 훨씬 적은 비율의 소득을 개인적인 소비에 지출했다.

자본가들의 소득(이 계층의 소득에는 미실현 자본이익까지 포함시켜야 할 것이다)의 절대적인 부분이 투자에 집중되고 있다.

확대되는 소득과 부의 불평등이 자본주의의 해묵은 수수께끼를 만들어낼 것임은 쉽게 추론할 수 있다. 임금인하에 의존하는 축적(저축과 투자)과정이 궁극적으로는 경제성장과 투자를 유지하기 위해 임금에 기초한 소비에 의존한다는 것은 수수께끼가 아닐 수 없다. 20세기 초 미국의 경제학자 클라크(J. B. Clark)가 말한 대로 공장의 생산물에 대한 충분한 소비자 수요가 없는 상황에서 "더 많은 공장을 지으면 끊임없이 더 많은 공장이 생겨난다"는 것은 있을 수 없다.[2)]

소비, 그리고 궁극적으로는 투자가 소득흐름의 하위계층의 지출에 절대적으로 의존하는 상황에서는 실질임금의 정체나 하락은 전반적인 소비지출을 제약함으로써 경제에 위기추세를 불러올 것임은 자연스럽게 추론할 수 있는 일이며, 이것이 다시 임금을 기초로 한 소득을 갈수록 압박하는 것은 당연한 일이다. 1990년대에 약간 상승한 경우를 제외하면 실질임금은 수십 년 동안 정체되어 있었다. 표준적인 가구(중간 소득)는 이와 같은 압박을 완화시키기 위해 가구당 일거리와 노동시간을 늘리려 하였다. 그런데도 표준적인 가구의 실질(인플레이션을 반영한)소득은 2004년까지 5년간 연속적으로 하락했다. 2003-2004년에는 전체 가구의 95%가 평균 가구소득의 감소를 경험했다(상위 5%에서는 가파른 소득상승이 나타났다). 2005년에는 실질임금이 0.8% 떨어졌다.[3)]

그러나 전체 소비는 감소한 게 아니라 오히려 증가했다. 실제로 미국 경제의 성장은 외관상 멈추지 않는 소비증가에 의존했다. 1994년에서 2004년 사이에 소비는 국민소득보다 빠르게 증가하여 GDP에 대비한 개인 소비지출의 비율이 67%에서 70%로 늘어났다.[4] 이런 역설—실질임금의 하락과 소비의 상승—을 어떻게 설명할 수 있을까?

이와 같은 문제를 두고 2000년 5월 『먼슬리 리뷰』의 편집자들은 다음과 같은 질문을 내놓았다 :

> 이와 같은 [임금정체] 상황에서 소비증가는 도대체 어떻게 나온 것인가? 자본이 어떤 묘수를 갖고 있어서 이런 균형—소비를 급격히 증가시키면서도 동시에 임금을 낮추는—을 만들어냈을까? 해답은 간단하고 분명하다. 임금정체기에 노동자들은 수요를 충족시키기 위해 (또는 생활수준을 약간이라도 올려보려는 절망적인 시도에서) 돈을 빌림으로써 자신의 소득 이상의 생활을 하고 있는 것이다. 현재의 경제팽창은 상당부분 소비자 부채로 사들인 것이다.

가장 최근의 경기하강기가 시작되기 직전인 6년 전의 상황이 이러했다면 지금은 상황이 더 악화되었을 것이고 나타날 결과도 더 나쁠 것이다. 미국에서 소득보다 소비지출이 훨씬 빠른 속도로 증가해 온 결과는 가처분소득에 대비한 전체 소비자 부채의 증가로 나타났다. [표 1.1]에서 보는 바와 같이 소비자 가처분소득에 대비한 소비자 부채의 잔액은 지난 30년 동안 1975년의 62%에서 2005년의 127%로 증가했다. 이것은 부분적으로는 최근의 이자율이 역

[표 1.1] 가처분소득에서 차지하는 소비자 부채의 잔액(%)

(단위 : 10억 달러)

	소비자 부채	소비자 가처분소득	%(부채/가처분소득)
1975	736.3	1,187.4	62.0
1980	1,397.1	2,009.0	69.5
1985	2,272.5	3,109.3	73.0
1990	3,592.9	4,285.8	83.8
1995	4,858.1	5,408.2	89.8
2000	6,960.6	7,194.0	96.8
2005	11,496.6	9,039.5	127.2

주 : 세후 가처분소득

자료 : 연방준비이사회, 미국의 자금계정의 흐름, 시계열 및 연간 잔액의 흐름, 2005 4/4분기 (2006. 3. 9). http://www.federalreserve.gov/release/Z1/Current에서 찾아볼 수 있다.

사상 가장 낮아서 이자지급이 쉬워졌기 때문에 가능했다(물론 지금은 이자율이 올라가고 있지만). 부채가 가계에 주는 영향을 보다 명확히 보여주는 것은 부채이자 지급비율—소비자 가처분소득에 대비한 소비자 부채이자 지급금액—이다. [도표 1.1]은 1980년 이후부터 지금에 이르기까지 4반세기 동안 부채이자 지급비율이 1990년대 중반 이후로는 일시적인 정체를 보인 것을 제외하고는 가파르게 증가해 왔음을 보여준다.

그러나 이와 같은 총체적인 데이터로는 부채가 상이한 소득집단(계급)에 미치는 영향을 알 수가 없다. 이것에 관한 정보를 얻으려면 연방준비이사회에서 3년마다 실시하는 「소비자 금융조사」를 봐야 한다. [표 1.2]는 "가계부채 부담"(가처분소득에 대비한 부채이자 지급금액의 백분율)을 소득 백분위수로 나누어 보여주고 있다. 가장

[도표 1.1] 소비자 부채이자 지급비율(가처분소득에 대비한 부채이자 지급금액)

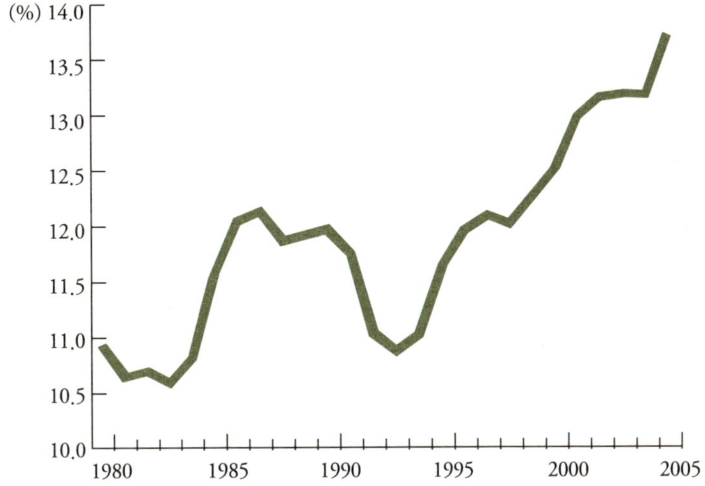

자료 : 연방준비이사회, 가계부채 이자지급과 금융부담 비율, http://www.federalreserve.gov/release/housedebt/

주 : 연방준비이사회 '가계부채 이자지급과 금융부담 비율' 에서 제시된 부채이자 지급비율과 「소비자 금융조사」(뒤에 나오는 표에서 사용되고 있다)에서 제시된 부채이자 지급비율은 직접적으로 대비되지는 않는다. 여기서 사용된 데이터는 총체적인 소비자 부채이자 지급금액과 총체적인 소비자 가처분소득을 기초로 한 것이며, 뒤에 나오는 조사데이터를 근거로 한 것이 아니다.

최근의 경기후퇴기에는 거의 모든 소득 백분위에서 가계부채 부담이 떨어진 것으로 나오지만(2001년의 조사) 최근의 완만한 확장기에 들어와서는 가파르게 상승하고 있음을 알 수 있다. 중간 소득 백분위(40.0–59.9)의 경우 부채부담이 이제 전체 기간(1995–2004년) 가운데서 최고점에 이르렀다. 이 집단의 가구에서는 가처분소득에 대비한 부채이자 지급금액의 백분율이 1995년 이후 약 4% 증가했으며, 나머지 소득집단에 비해 가장 높은 20%에 근접했다. 부채부담이 가장 낮은 소득집단은 당연히 가장 높은 소득 백분위(90–100)인데,

[표 1.2] 가계부채 부담(가구소득에 대비한 부채이자 지급금액의 백분율)

소득 백분위	1995	1998	2001	2004
〈20	19.1	18.7	16.1	18.2
20−39.9	17.0	16.5	15.8	16.7
40−59.9	15.6	18.6	17.1	19.4
60−79.9	17.9	19.1	16.8	18.5
80−89.9	16.6	16.8	17.0	17.3
90−100	9.5	10.3	8.1	9.3

자료 : 연방준비이사회, "미국의 가계금융의 최근 변화 : 2001년과 2004년의 소비자 금융조사 결과,"[5] 연방준비이사회 공보(2006), www.federalreserve.gov/pubs/bulletin/2006/financesurvey.pdf/

이 집단에서는 부채이자 지급금액의 백분율이 10% 이하로 떨어진다.

두 표가 나타내는 바를 종합하면 가계부채의 계급적 성격이 드러난다. 이와 같은 성격은 예외적으로 높은 부채부담을 지고 있는 부채보유 가구와 부채이자 지급기일을 60일 이상 초과한 가구의 분포를 살펴보면 더욱 분명해진다. [표 1.3]은 각 소득 백분위에서 부채부담이 40% 이상인 부채보유 가계의 비율을 보여준다. 이러한 금융재난은 소득과 비대칭적 연관성을 갖고 있다. 가장 가난한 부채보유 가계—전체 가구의 최하층 1/5—의 1/4 이상이 이처럼 과중한 부채부담을 안고 있다. 차상위 2/5, 즉 소득 백분위 20.0-59.9의 집단에서는 이처럼 과중한 부채부담을 안고 있는 부채보유 가구의 백분율이 1995년 이후로 증가하고 있다(이러한 부채의 늪에 갇힌 부채보유 가구가 제2 하위 5분위에서는 약 19%로 증가했고 중간 5분위에서

[표 1.3] 부채이자 지급금액이 가구소득의 40%를
초과하는 부채보유 가구의 백분율

제목	1995	1998	2001	2004
〈20	27.5	29.9	29.3	27.0
20-39.9	18.0	18.3	16.6	18.6
40-59.9	9.9	15.8	12.3	13.7
60-79.9	7.7	9.8	6.5	7.1
80-89.9	4.7	3.5	3.5	2.4
90-100	2.3	2.8	2.0	1.8

자료 : [표 1.2]의 주를 보라.

도 약 14%로 증가했다). 반면에 최상위 소득 가구에서는 부채부담이 40% 이상으로서 고통받는 가구의 비율이 1995년 이후로 줄어들었다. 여기서 우리는 가처분소득에 대비한 부채잔액이 급속하게 증가함으로써 겪게 되는 금융재난이 저소득 노동계급 가구에 보다 견고하게 뿌리내리고 있음을 알 수 있다.

급증하는 가계부채의 부담은 당연히 채무불이행과 파산으로 가는 길을 열어준다. G. W. 부시 대통령의 첫 번째 임기 동안에 개인파산이 거의 5백만 건에 육박했는데, 이는 백악관의 한 임기 동안에 발생한 최고 기록이다. 2005년에 보다 엄격한 파산법이 의회를 통과한 덕분에 최근에는 (최소한 단기적으로는) 파산건수가 줄어들었다. 그러나 그 여파로 극심한 부채부담에서 빠져나오기가 더욱 어려워졌고, 따라서 더 많은 노동자가 "현대판 계약노예"로 전락할 것이 분명하다.[6]

[표 1.4] 이자 지급기일을 60일 이상 초과한 부채보유 가구의 비율

소득 백분위	1995	1998	2001	2004
〈20	10.2	12.9	13.4	15.9
20–39.9	10.1	12.3	11.7	13.8
40–59.9	8.7	10.0	7.9	10.4
60–79.9	6.6	5.9	4.0	7.1
80–89.9	2.8	3.9	2.6	2.3
90–100	1.0	1.6	1.3	.3

자료 : [표 1.2]의 주를 보라.

[표 1.4]는 각 소득분위에서 이자 지급기일을 60일 이상 초과한 부채보유 가구의 비율을 보여준다. 소득분포 80분위 미만의 가구에서는 이런 범주에 들어가는 부채보유 가구가 1995년 이후로 빠르게 늘었다. 반면에 80분위 이상의 가구에서는 이자 지급기일을 넘긴 비율이 떨어졌다. 여기서 우리는 오늘날 미국에서 증가하는 금융재난은 노동계급 가구에 집중되어 있음을 다시 한 번 확인할 수 있다.

부채에 대한 담보의 가장 많은 부분은 절대다수 가구의 주 자산인 주거이다. 주택을 담보로 한 부채는 꾸준히 치솟았다. 1998년에서 2001년 사이에 주택을 담보로 한 부채의 평균금액은 1998–2001년 사이에 3.8%가 상승한 반면에 2001–2004년 사이의 상승률은 경이적인 27.3%였다! 2001–2004년 사이에 선순위 담보를 제공한 주택 소유자의 약 45%가 재융자를 받았는데(직전 3년 동안 재융자를 받은 비율은 21%), 그 중에서 1/3 이상이 재융자 금액보다 많은

돈을 이미 빌리고 있었다. 재융자 때에 적용된 주택 순가의 증가분은 평균 2만 달러였다.[7] 최근 수년간 수직상승한 주택가격에도 불구하고 주택 소유자의 가계 부동산의 순가(純價 : 담보·부채를 제외한 가치)/가치(주택 전체 가격) 비율은 1980-1989년의 68%에서 1990-1999년에는 59%로, 다시 2000-2005년에는 57%로 지속적으로 하락했다.[8]

주택가격이 치솟자 보다 위험스러운 방식의 주택담보대출이 등장했다. 『레프트 비즈니스 옵서버』(*Left Business Observer*)의 편집자 더그 헨우드(Doug Henwood)는 『네이션』(*The Nation*)지에 다음과 같은 평론을 기고했다 :

> **집을 사자면 상당한 첫 불입금을 내야 했던 시절이 있었다. 이제 그런 시절은 지나갔다. 2005년에는 처음으로 집을 사는 사람은 집값의 2%만 내면 됐다. 43%는 아예 계약금조차도 내지 않아도 됐다. 그리고 2004년과 2005년에는 새로운 주택담보대출의 거의 1/3이 변동금리의 적용을 받았다**(첫 불입금이 고정금리 대출보다 낮았기 때문에)**. 그 전의 이자율은 이자율의 등락 사이클에서 정점기였으나 지난 수년 동안 이자율은 한 세대 만에 가장 낮았다. 그래서 변동금리부 담보대출의 이자율은 오직 한 방향, 상향으로만 변동했다.**[9]

평균적인 가구는 또한 카드 부채의 수렁에 빠졌다. 현재 카드 소지자의 거의 2/3가 매달 사용대금을 결재하지 못해 이자를 물고 있고, 2005년 말 현재 전체 카드 소지자의 평균 카드 부채는 4,956

달러이다. 최근에는 이자율이 올라가자 전체 카드의 2/3에 변동금리가 적용되고 있다(1년 전에는 그 비율이 1/2이었다). 급속히 상승하는 카드 이자율을 두고 월스트리트 저널은 "신용카드 포화"(砲火)라고 불렀다. 2006년 2월 현재 변동금리 카드의 평균 이자율은 (2005년의 12.8%에서) 15.8%로 뛰어올랐다. 2005년 말 현재 미결재 카드대금 합계액은 8,380억 달러이다.[10] 이와 같은 무거운 부담은 거의 노동계급과 중간소득 가구가 지고 있다. 「소비자 금융조사」에 의하면 미결재 카드대금을 보유한 가구는 90분위까지 소득과 함께 증가하다가 그 이후로는 수직으로 하락한다.

차입이 증가하는 또 하나의 분야는 할부구매이다. 확정 상환기간과 확정 상환금액이 적용되는 자동차할부대출과 학자금대출이 대표적인 예이다. 2001–2004년 사이에 이런 종류의 대출이 18.2% 증가했다.[11]

저소득 가구는 갈수록 포식성 대출—급료담보대출, 자동차담보대출, 비우대금리 주택담보대출 등—에 얽매이게 되고, 최근의 금융재난 가운데서 이와 같은 종류의 대출은 급속도로 증가하고 있다. 〈책임성 있는 대출센터〉라는 단체는 다음과 같은 분석을 내놓았다:

> 전형적인 자동차담보대출은 연간 이자율이 세 자리 수에 달한다. 이런 대출은 자동차의 잔존가치보다 훨씬 적은 금액을 대출해 주고 한 달 이내에 상환을 요구한다. … 이 대출은 대출 후 단기간 안에 일괄 상환을 요구하기 때문에 차입자들은 기일에 전체 금액을 상환하지

못하고 대출기한을 연장하거나 "회전대출"을 반복하게 된다. 이런 방식으로 차입자들은 원금보다도 더 많은 수수료를 내게 된다. 상환기일에 납입하지 못하는 일이 반복되고, 결국 자동차는 대출자의 소유가 된다.[12)]

가계의 금융재난이 늘어나자 채무회수자 군단이 형성되었다. 미상환 채무를 사들이거나 회수를 대행해 주는 회사가 1996년에는 12곳이었으나 2005년에는 500곳 이상으로 늘어났다. 워싱턴 포스트에 의하면 이들 회사의 "직장으로 전화걸기, 폭력과 감옥행으로 위협하기, 은행구좌로부터 부적절한 인출이 늘어났다. 신종 채무회수 회사들의 위협적인 수단에 시달리는 소비자들의 호소가 늘어나고 있다."[13)]

가계부채의 전반적인 증가추세의 원인 가운데서 부채팽창이라는 거품을 만들어내 거시경제적으로 가장 중요한 의미를 가지는 것은 주택을 담보로 한 대출이다. 주택 소유자들 가운데서 주택 순가를 현금으로 대출받아 가계비용에 충당하거나 신용카드 대금을 지불하는 사람이 늘고 있다. 그 결과 "[2005년] 10-11월 사이에 주택담보대출의 순증가액이 1조 1,100억 달러에 이르렀고, 이와 같은 대출의 총 잔고는 8조 6,600억 달러에 달했다. 이 금액은 미국 GDP의 69.4%와 맞먹는다."[14)] 이런 일이 소득과 부의 불평등이 확대되고 대부분의 가계에서 실질임금과 실질소득이 정체 또는 하락하는 시점에서 일어났다는 것은 상당부분 생활수준을 유지하려는 필요에서 비롯되었다고 추론할 수밖에 없다.

주택가격의 상승에 기대어 가계지출과 부채상환을 위한 주택 재융자가 증가함에 따라 생겨난 주택금융 거품은 수십 년에 걸쳐 확대되어 왔으며, 경제가 2000년의 주식시장 폭락과 그 다음해의 경기침체를 회복하는 데 주요인으로 작용했다. 주식시장이 폭락하고 나서 2년도 되지 않아 진보적인 경제학자이자 금융분석가인 스테파니 폼보이(Stephanie Pomboy)는 "거품의 대전이"라는 제목의 분석기사에서 주택금융의 지속적인 확대가 주식시장 거품이 꺼진 후의 빈자리를 메우고 기적적으로 급속한 경제회복을 일구어냈다고 평가했다. 폼보이는 그러나 이것 역시 "금융자산에 끼인 거품과 다를 바 없다"고 주장했다:

> 새로운 부동산 거품 또한 고유의 폐해를 갖고 있다. 솔직히 말하자면 집은 소비자들이 "현금인출" 주택담보 재융자와 같은 인기 있는 금융상품을 통해 유일하고도 가장 큰 자산으로부터 실현되지 않은 수익을 보상받는 일종의 새로운 "신용거래 구좌"(margin account)가 되었다. 이러한 재융자 열풍이 야기하는 가장 큰 문제는 주택 소유자들이 주식보유에 몰두하게 된다는 점이다. … 현금인출 재융자 관련 숫자는 나스닥 마니아들이 혀를 내두를 정도의 "투기열풍"을 보여준다. 패니 메이(Fannie Mae) 사의 추산에 의하면 평균 현금인출 금액은 3만 4천 달러라고 한다. 이 정도라면 내가 보기에는 적지 않은 금액이며, 평균 주택가격이 15만 달러임을 고려한다면 더욱 그렇다. … 대부분의 소택 소유자가 주택가치의 20% 가량을 현금으로 빼내어 쓰고 있다는 얘기다![15]

소비지출이 가처분소득의 성장보다 빠른 속도로 증가하는 이유는 주식시장 부의 효과 때문이라고 알려져 왔다(주식시장 부의 효과란 주식의 시장가치가 올라가면 미국 전체 주식의 대부분을 소유하고 있는 부유층의 소비지출은 그보다 두 배가 넘게 늘어난다는 이론).[16] 그런데 폼보이는 "주택시장 부의 효과가 주식시장 부의 효과보다 훨씬 클 수도 있음을 보여주는 증거가 있다. … 로버트 쉴러(Robert Shiller)의 ('비이성적 과열' 이론을 바탕으로 한) 최근의 연구에 따르면 주택이 항상 주식시장보다 소비를 부추기는 보다 중요한 인자였다고 한다. 그는 14개 주의 사례를 자세하게 분석한 결과 주택경기와 소비의 상관관계는 주식시장과 소비의 상관관계보다 두 배 이상이었음을 밝혀냈다"고 하였다. 폼보이는 이런 상황이야말로 벽에 다음과 같은 경고문이 나붙어 있는 것과 마찬가지라고 주장했다 : "주택 소유자의 순자산가치는 항상 낮기 때문에 주택가격이 조금이라도 하락하면 순자산가치가 마이너스로 급전직하하는 사태가 생길 수 있다. 보다 직설적으로 말하자면, 주택구입 자금과 관련한 이자지급의 증가는 (이자율을 낮추어 준다고 하더라도) 연방준비이사회의 의도와는 달리 소비를 촉진시키지는 못하고 역으로 이자율 상승의 압력이 될 뿐이다."

주택 순가의 감소와 부채이자 지급의 증가(그리고 전반적인 이자 지급율의 증가)는 오늘날의 소비증가를 받쳐주고 있는 "투기열풍"이 얼마나 심각한지를 보여준다. 주택거품과 소비증가의 관계는 한 마디로 "가계부채 거품"이라고 표현할 수 있을 정도이고, 이 거품은 이자율 상승과 주택가격의 하락(또는 경기침체)으로 인해 쉽게 사그라질 수밖에 없었다. 실제로 이 글을 쓰고 있는 동안에도 신축주택의 평균 가격은 4개월 연속적으로 하락하여 2월 현재로 (신축) 개인주택 가격은 10.5%나 떨어졌다. 이와 같은 하락률은 지난 10년 동안 최고 수준이었으며, 주택거품의 분명한 신호였다.

스테파니 폼보이는 『배런스』(*Barron's*)란 잡지에 기고한 "진실을 다루기"란 글에서 미국 경제가 "스태그플레이션(성장의 정체, 높은 실업률, 물가상승이 결합된 상태)"으로 나아가고 있다고 주장했다. 폼보이는 가계부채 거품을 감당할 수 없는 소비자의 취약한 임금수입을 그 원인으로 들었다. "이미 소비자들의 구매력은 … 지지부진한 수입증가, 그 중에서도 특히 임금 때문에 제약을 받고 있다"고 주장했다. 폼보이의 분석에 의하면, 최근 들어서 기업들은 고가 소비상품 시장에 주력하고 있으며, 저가시장(이 시장은 임금에 의존하는 소비자들이 받쳐주었다)은 붕괴될 위험을 맞고 있다. 노동계급이 주 고객인 월마트조차도 고소득 가구를 유인하기 위한 상품들을 비축하기 시작했다.[17)]

성장을 유지하기 위해서 갈수록 소비에 더 많이 의존하고 있는 경제로서는 투자가 정체되고 있는 상황에서 기층의 취약한 소득과 노동계급의 소비—이른바 "저가소비"—를 짜내는 전략에 의존한다는 것은 심각한 문제가 아닐 수 없다. 새로운 투자에서 기대되는 이윤이 하락하자 기업은 미배분 이윤을 쌓아두기 시작했고, 폼보이의 추산에 의하면 그 금액은 최고치에 이르렀을 때 5천억 달러였다가 지금은 4천4백억 달러 정도라고 한다. 『배런』지에 실린 기사에 따르면 2005년 말 현재 기업의 "금고 속에서 놀고 있는" 동원 가능한 현금은 2조 달러라는 기록적인 수치라고 한다. 폼보이는 이 기사에서 "이러한 돈을 쓰도록 하기 위해 믿을 수 없을 정도의 유인책이 제시되고 있음에도 불구하고 기업들이 재무적인 관점에서 뿐만 아니라 이자율이라는 관점에서 현금을 깔고 앉아서 아무것도 하지 않고 있다는 것은 충격이라고 하지 않을 수 없다. 현재로서는 현금을 깔고 앉아 있는 것이 최적의 투자 아이디어처럼 보이지는 않는다. 이것은 경영자들이 거품 이후 시기의 자금부족 사태를 염려하고 있음을 말해주고 있다"고 썼다.[18)]

기업투자를 늘리지 않고는 미국의 경제는 정체할 것이다. 현실적으로 투기거품은 완전히 극복할 수는 없어도 어느 정도는 진정시킬 수 있고, 또 여러 가지 형태로 위장될 수도 있을 것이다. 그러나 과잉축적과 과잉설비 때문에 투자가 동결되고 있다. 그러므로 우리가 쉽게 예상할 수 있는 결과는 지속적인 저성장, 부채의 누적, 그리고 금융붕괴이다. 고도의 착취에 의존할 수밖에 없는 성숙기 자본주의 경제에서는 성장의 기적을 기대할 수 없고, 투자기회의 소멸(그리고 세계의 여타 지역으로 순수출을 확대할 수 없는 상황)은 급격하게 진행될 것이다. 그렇다면 남은 길은 거품을 일으키는 행위뿐인데, 거품은 언젠가는 꺼지기 마련이다.

미국 경제의 비극은 과도한 소비 때문이 아니라 전체 인구의 희생을 바탕으로 소수가 무자비하게 부를 추구하는 데서 비롯되었다. 유일하고도 궁극적인 해법은 사회 전체를 진정한 의미에서 혁명적으로 재건하는 것이다. 누구도 이런 급진적인 재건계획을 제시하지 않고 있다. 그러나 지금은 밑에서부터 계급투쟁을 부활시켜야 할 때이다. 그 투쟁은 궁극적으로는 새로운 체제를 지향해야 할 뿐만 아니라, 임박하게는 구체제의 실패로부터 노동자들을 보호하는 것이어야 한다. 그런 투쟁이 어디서부터 시작되어야 하는지는 의문의 여지가 없다. 노동자는 구체제의 잿더미로부터 떨쳐 일어나야 한다.

CHAPTER 02

부채와 투기의 폭발

2006년 11월

정체와 금융

1970년대와 1980년대에 해리 맥도프와 폴 스위지는 『먼슬리 리뷰』지에 기고한 글과 먼슬리 리뷰 출판사에서 출간한 저서를 통해 성숙기 자본주의 경제는 정체로 나아가는 일반적인 경향을 갖고 있다고 주장했다.[1] 이러한 경향은 주로 이윤을 창출할 수 있는 투자기회의 부족 때문에 생긴다. 생산적인 경제분야("실물경제")에서 투자가 줄어든다는 것은 장래의 성장이 낮아진다는 것을 의미한다. 마르크스는 바로 이와 같은 현상이 생겨날 수 있는 가능성에 대해 다음과 같이 언급했다 :

> 생산분야들이 포화상태이고 대부자본이 과잉공급된다면 대부화폐자본의 이러한 과잉은 자본주의적 생산의 한계를 증명할 따름이다. … 그렇지만 자본의 가치증식 법칙—자본이 자본으로서 가치증식을 할 수 있는 한계—에 의해 부과된 장애물은 존재한다.[2)]

물론 정체가 어떠한 성장도 나타나지 않음을 의미하는 것은 아니다. 정체상태는 경제기능이 원래의 능력 훨씬 이하로 작동하기 때문에 생산설비가 확연한 정도로 가동되지 않고 심각한 실업과 불완전고용이 나타난다. 지난 30년 동안 산업설비는 평균 81% 정도 사용되었는데, 최근 5년 동안의 경우에는 77%에 불과했다. 경기순환 주기에서 회복기에 접어들었을 때에도 생산설비의 상당부분이 사용되지 않는 것이 상례이다. 전반적인 활황기였던 1960년대에 제조분야의 설비가동률은 85%에 가까웠고, 최고의 활황기라고 했던 1966년(베트남 전쟁 기간)에도 제조업 설비가동률은 91%를 넘지 않았다.

노동상황을 보면 2006년 7월 현재의 공식적인 실업률은 비교적 낮은 4.8%이다. 그러나 노동통계국의 "노동이용률의 대체측정법"—이것은 "공식적인" 실업자에다 취업기회를 찾는 일을 포기한 인력과 시간제로 일하면서 전업제 일자리를 찾고 있는 인력을 더한다—에 따르면 활동 가능한 노동력의 8% 정도가 실업상태이거나 불완전고용 상태에 있다. 그러나 정체된 금융주도 경제에서는 노동참여율이 낮아진다는 점을 감안하면 이러한 수치도 과소평가

된 것으로 보인다. 실업과 고용 사이를 반복적으로 왕래하는 이른바 "한계고용 노동자"를 분류하여 더하는 현재의 통계방식도 표면상으로는 노동력으로 분류되지 않으나 실제로는 일자리를 원하는 노동력이 얼마나 되는지 완벽하게 파악할 수 없다. 경기주기가 상승세로 들어선다고 하더라도 지금과 같이 활동 가능한 노동력이 노동자 풀에서 주기적으로 배제당하는 상황은 지속될 것이다. 그래서 2000년 이후로 노동참여율은 하락해 왔으며, 이런 현상은 제2차 세계대전 이후 시기에는 전례가 없었고 관련 지수는 점차로 악화되는 쪽으로 변해왔다.[3]

실제로 마지막 불황기가 끝난 뒤로 실질고용은 매우 더디게 증가했다. 경제평론가 플로이드 노리스(Floyd Norris)는 "이전의 아홉 차례의 불황기가 있은 후로 일자리는 평균 11.9% 늘어났으나 현재까지는(2006년 8월) … 직전 불황기가 끝난 후 일자리는 3.5% 늘어난 데 불과하다"고 지적했다.[4] 이것은 상대적으로 완만한 불황기에서 벗어나 회복기로 접어든 지 3년이 지났는데도 경제는 여전히 심각한 정체상태에 머물고 있음을 나타낸다.

자본주의 경제의 바탕은 이윤동기와 무제한적인 자본축적이다. 그렇기 때문에 경제가 상당히 높은 성장률을 보이면서 확대되지 않으면 문제가 생긴다. 이 때 문제는 높은 실업/불완전고용에서부터 잦은 불황, 주식시장의 붕괴, 인플레이션과 디플레이션의 반복 등으로 나타난다. 성숙기 자본주의가 드러내는 정체의 경향을 극복하거나 그것에 대한 균형추로서 활용되는 몇 가지 메커니즘을 아래에서 설명하겠지만, 맥도프와 스위지는 "정체의 경향은 체제 내부에 깊이 뿌리내려 지속적으로 작동하는 본질이다. 반면에 반(反)경향은 여러 형태이면서 간헐적이고 (가장 중요하게는) 자기제한적"이라고 지적했다.[5)]

제국주의, 세계화, 정체

산업이 성숙되고 국내시장이 포화상태에 이르면 기업은 이윤을 낼 수 있는 판매시장과 새로운 투자처로서 해외시장을 넓혀나간다. 이 때 다른 중요한 목적들—생산에 필요한 원재료에 대한 통제권 장악, 저임금의 이점 활용, 느슨한 환경과 노동안전 기준의 이용—도 더해져 자본주의의 본질적 특징인 제국주의적 충동을 강화시킨다. 신자유주의 세계화는 가장 최근에 나타난 제국주의의 한 형태이며 자본(금융과 비금융부문의 대기업)이 정부, 특히 미국 정부의 리더십을 이용하여 세계의 자원과 인민을 보다 손쉽게 착취하려는 시도이다. 자본가로서는 원할 때면 언제이건 돈과 제품을 국내외를 막론하고 이동시킬 수 있고 마음대로 이윤을 거두어들일 수 있는 환경이 가장 이상적인 것이다.

이러한 제국주의적 간섭은 자국 내에서는 그와 같은 방식을 동원할 수 없는 자본주의 경제가 생산에 필요한 원자재 시장을 장악하려는 본능적인 욕구에서 나온 것이다. 미국 경제가 해외투자를 통해 벌어들이는 이익이 얼마나 중요한지는 1960년대에는 기업 총이윤의 6%가 해외투자에서 나왔는데 1970년대에는 11%, 1980년대에는 15%, 1990년대에는 16%, 2000-2004년 사이의 평균이 18%로 증가한 사실에서 잘 나타난다.[6)]

주변부에 대한 투자가 투자처를 찾는 자본에게 새로운 출구를 제공해 준 것은 사실이다. 그러나 전 세계적인 시장확보 경쟁, 전 세계적인 정체(과잉설비율의 증가가 그 증거이다), 그리고 제3세계 시장의 착취를 통해 급증한 잉여와 그 잉여를 위한 새로운 출구의 필요성 등 몇 가지 이유 때문에 이러한 대외팽창은 미국(뿐만 아니라 전 세계)의 자본 과잉축적의 문제를 해소시켜 주지 못하고 있다.

경제적 자극제 역할을 한 중요한 발명과 기술

중요한 발명과 기술은 때로 경제를 자극하는 의미 있는 역할을 해왔고, 그 효과가 수십 년 동안 지속된 경우도 있었다. 예컨대 20세기 초 자동차의 발명은 자동차 소유의 보편화뿐만 아니라 궁극적으로는 미국 경제를 변형시킨 엄청난 발전성과를 보여주었다. 수많은 다리와 터널을 갖춘 광대한 도로망의 구축, 주유소와 식당 및 부품과 수리센터 망의 생성, 지역의 제약을 받지 않는 효율적이고 저렴한 상품 수송체계의 발전이 나타났다. 개인의 자동차 보유가 미친 또 다른 심대한 영향은 도시 외곽지역에 주거지가 형성된 것이었다. 자동차 보급이 미친 부정적인 영향을 보자면 도심지역 및 도심지역을 연결하는 대중교통이 사실상 사라져 버림에 따라 거대한 새로운 오염원(이산화탄소)이 등장했다는 점이다. 이런 추세에 맞추어 20세기 전반 미국의 외교정책은 자동차를 운행하기 위한 석유와 가스를 확보하는 데 초점이 맞추어졌다.

자동차 기술은 이렇듯 20세기의 수십 년 동안 여러 방면에서 경제를 자극했다. 새로운 정보기술(컴퓨터, 소프트웨어, 인터넷)은 개인이나 기업이 일하는 형태를 바꾸어 놓기는 했지만, 이른바 "실리콘 혁명"은 중요한 경제적 결과를 만들어냈음에도 불구하고 자동차 기술처럼 경제에 획기적이고 장기적인 영향을 미칠 것 같지는 않다.

정체 대응책으로서의 정부지출의 증가

케인즈가 지적한 바이지만 정부의 사회기간시설에 대한 지출도 경제의 활력소가 될 수 있다. 고속도로의 건설은 직접적으로는 일자리를 창출함으로써, 간접적으로는 생산과 판매의 효율을 높임으로써 경제의 활력을 돋워준다. 그런데 군비지출은 특수한 자극 효과가 있다. 해리 맥도프는 다음과 같이 설명했다 :

> 시장경제의 지속 가능한 확대는 소비자의 수요도 있어야 하지만 적극적인 투자를 필요로 한다. 기득권층이 군사주의에 매력을 느끼는 것은 그것이 자본재에 대한 투자뿐만 아니라 새로운 산업을 창출하는 연구개발을 자극하고 유지시켜 주기 때문이다. … 군비발주는 조선업, 기계업과 공작기구제조업, 통신장비업 등에 심대하고도 때로는 결정적인 기회를 제공한다. … 군수물자 발주의 폭발적인 증가는 자

본재 산업을 안정시킬 뿐만 아니라 큰 도움을 준다. (최근 1985년의 경우를 보면 항공기 시장의 66%, 조선시장의 93%, 통신장비 시장의 50%가 군사용이었다) … **한국전쟁에서의 군비지출은 독일과 일본이 잿더미 속에서 일어서는 중요한 지렛대 역할을 하였다. 여기에 더하여 월남전에서의 미국의 군비지출이 이 두 나라의 경제가 활황을 맞이하는 계기가 되었다.**[7)]

실리콘을 기반으로 한 산업과 인터넷의 등장은 군비확충 사업이 어떻게 "새로운 산업"을 창출하는지를 보여주는 비교적 최근의 사례이다. 나아가 미국이 벌이고 있는 이라크 침공과 아프가니스탄 전쟁 같은 실제 전투는 전투상황에서 급속하게 마모되는 장비의 교체뿐만 아니라 미사일, 탄약, 폭탄의 다량 소모로 경제를 자극한다.

군사지출이 미국 경제에서 얼마나 중요한 역할을 하는지를 알려면 군사지출이 미국 전체의 투자목적 지출과 맞먹는다는 사실에 주목해야 한다. 총 민간투자는 산업시설(공장, 상점, 발전소 등), 기업의 장비와 소프트웨어, 주택과 아파트 건설을 포함한다. 설비와 기계장치는 다년간 사용될 수 있으므로 이 투자는 현재와 미래의 경제성장을 창출할 수 있다. 또한 사람들이 새로운 주거를 매입하거나 세를 들 때는 흔히 새로운 가전기기와 가구를 구입하기 때문에 경제에 자극이 된다.

아프가니스탄과 이라크에서 전쟁을 벌이기(2000) 직전 5년 동안 투자에 대비한 군사지출은 4반세기 동안 최저 수준이었는데도 총 민간투자의 1/4, 기업투자의 1/3에 가까웠다.[8] 전쟁이 본격적으로 진행된 지난 5년 동안 군사지출은 대폭적으로 증가했다. 같은 기간 동안에 주택건설 붐이 일었던 덕분에 2001–2005년의 공식적인 군사지출은 총 민간투자의 평균 28% 수준으로서 그 이전 기간과 차이가 별로 없었다. 그러나 주택건설을 제외한다면 공식적인 군사지출은 비주택 총 민간투자의 42%에 달한다.[9]

연간 소비자 지출의 증가율은 경기가 침체하면 하락했다가 경제가 회복되면 상승하지만 여전히 해마다 증가한다. 그러나 민간투자의 증감은 경기순환에 그대로 반영되어 상대적으로 높은 성장기 다음에는 매우 낮은 성장기나 마이너스 성장기가 뒤따른다. 경제가 깊은 침체기에 빠지지 않도록 하기 위해서는 (방대한 군사예산이 없으면) 민간부문의 투자가 대폭 확대되어야 한다. 최근의 예를 보면 군사지출과 민간 주택건설이 급격하게 증가했음에도 불구하고 기업의 투자가 빠르게 증가하지 않았기 때문에 경제는 완만한 정체 상태에 빠졌다.

경제성장에 있어서 부채의 역할

민간부문과 정부부문의 부채의 창출 또한 경제를 진작시킨다. 케인즈학파는 정부의 적자지출을 경기침체의 해법으로 제시하고 화폐발행을 늘리면 통화량이 늘어나 "수요"가 창출된다고 하였다. (대공황기 미국의 경험뿐만 아니라 최근 일본의 경우를 보더라도 케인즈학파가 제시한 적자지출 자체가 심각한 경제하강 문제를 해결하지는 못한다. 미국이 대공황에서 탈출할 수 있었던 것은 케인즈주의 정책 때문이 아니라 제2차 세계대전 때문이었다.) 기업이 영업을 확장할 때나 개인이 주택과 자동차를 구입할 때 은행이 돈을 빌려주는 방식은 그 외의 방식보다는 경제를 더욱 활발하게 움직이게 한다.

그런데 기업차입과 개인차입은 차이가 있다. 개인이 소비재를 구매하기 위해서 돈을 빌리면 구매행위 자체가 즉각적으로 자극제가 된다. 상품을 제조·운송·판매한 기업은 돈을 받게 되고, 그 돈은 대부분 즉각적으로 활용된다. 그러므로 경제에는 작은 파급효과가 생겨날 수 있다. 기업이 공장을 증축하거나 내구성 기계설비를 구매하거나 새로운 서비스를 판매하기 위해 돈을 빌리면 빌린 돈의 지출효과는 수년 동안 지속되면서 경제활동이 확장되고 일자리가 생겨난다.

마르크스는 투자를 통한 자본의 축적을 M-C-M′라는 공식으로 표현했다. 자본 M(money)은 원재료와 기계설비 및 노동을 구매하여 상품 C(commodity)를 생산하는 데 사용되며, 상품은 판매되어 자본가에게 M′(최초 투입자본 + Δm. Δm은 노동자가 생산한 잉여가치)이 되어 돌아온다. 자본이 금융적으로 순환할 때는 돈이 직접적으로 더 많은 돈을 만들어내는데, 마르크스는 이런 순환을 M-M′라는 공식으로 표현했다. 어떤 면에서는 지나치게 단순한 도식화로 보일 수도 있지만 주로 대중이 맡긴 자금을 빌려주는 은행의 역할을 생각해 본다면 이 공식은 아주 설득력이 있다. 은행은 돈을 빌려간 사람으로부터 원금과 이자를 거두어들이고 예금자에게 배당을 해준다. 그러나 오늘날의 은행은 자신이 대규모의 차입자이다. 이제 모든 형태의 금융기관은 빌린 돈으로 돈을 버는 과정에서 거대한 부채를 축적했다. 금융기관들이 투기목적으로 동원한 부채는 생산 자극효과를 거의 갖지 못한다. 투기자금은 자본의 생산적 활용에 비해 고용유발 효과가 매우 적다(예컨대 투기에 동원된 10억 달러의 차입금과 생산에 투입된 같은 금액의 차입금을 생각해 보라). 부채조달을 통한 투자에서 발생하는 이윤은 일자리를 만들어내는 제조업이나 서비스업 분야에 대한 투자로 전환되는 경우가 거의 없다. 오히려 그런 투기이윤은 더 많은 이윤을 얻기 위해 다양한 투기사업에 동원되거나 부자들의 높은 생활수준을 유지하는 데 이용된다. 그 결과 최근과 같이 금융팽창의 주요 수혜계층에게 새로운 부가 집중되는 현상과 고용의 정체가 동시에 나타나는 것이다.

부채폭발

미국 경제에 있어서 부채의 급속한 확대—경제활동의 확대(국내총생산, 즉 GDP 증가)에 비해 훨씬 큰—에 관해서는 맥도프와 스위지가 그들의 저서 『정체와 금융폭발』(*Stagnation and the Financial Explosion*)에서 훌륭하게 분석해 놓았다. 그러나 두 사람이 1980년대 초와 중반에 관찰한 부채의 증가는 훗날 미국 경제에서 나타나게 되는 유례 없이 큰 부채증가의 초기 징조에 불과했다([도표 2.1]을 보라).[10] 잔존부채 증가율과 경제성장률 증가 사이의 격차는 정말로

[도표 2.1] GDP와 부채 총계

(단위 : 조 달러)

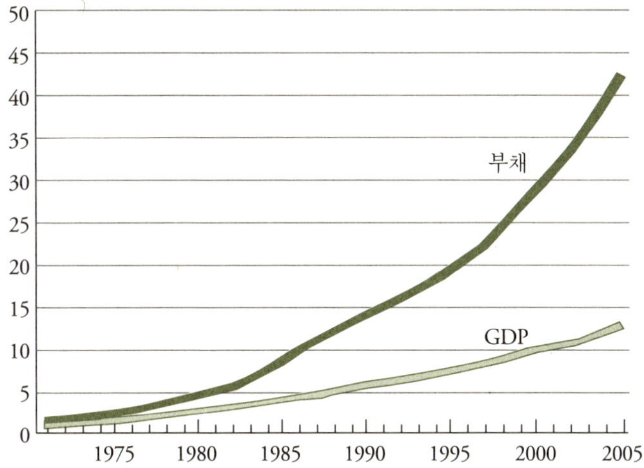

자료 : 연방준비이사회, 미국의 자금계정의 흐름, 표 L. 1과 L. 2 ;「대통령 경제보고, 2006」, 표 B-78.

[도표 2.2] 경제규모(GDP)와 대비한 부채 총계

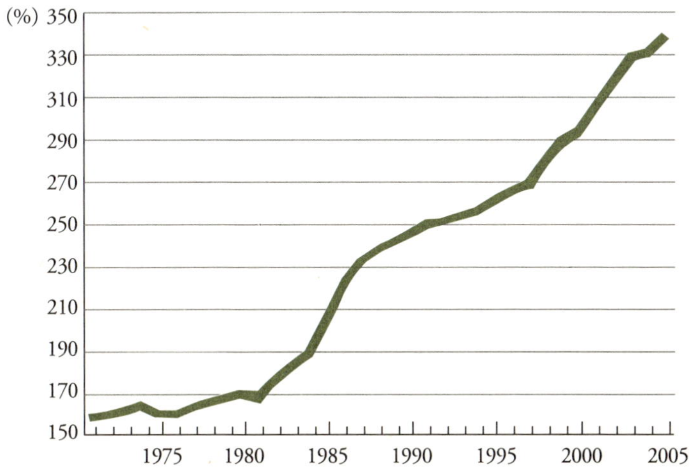

자료 : [도표 2.1]을 보라.

놀라울 정도이다. 1970년대에 잔존부채의 규모는 미국 전체의 연간 경제활동(GDP)의 1.5배였다. 두 사람이 이 주제와 관련하여 점점 더 많은 관심을 갖게 된 1985년이 되자 그 규모는 GDP의 2배 가량이 되었다. 2005년에 이르러서는 미국 전체의 부채는 GDP의 3.5배에 가까워졌고, 전 세계 GDP 44조 달러와 별 차이가 없는 수준이 되었다.

미국의 부채 총계는 가계부채, (연방·주·지방)정부의 부채, 비금융기업 및 금융기업의 부채를 포함한다. 1970년대 후반 이후로 부채는 거의 지속적으로 증가해 왔는데, 그 중에서도 (맥도프와 스위지가 부채에 관한 여러 편의 논문을 발표했던) 1981–1988년 기간에 GDP에 대비하여 부채는 폭발적으로 증가했고, 1997–2005년 기간에 다시 한 번 폭발적으로 증가했다. 1980년대에 GDP에 대비한 부채가 가장 많이 증가한 부문은 금융기업이었는데, 1981–1988년 사이에 GDP 대비 22%에서 42%로 증가했다. 같은 기간에 정부부채는 GDP 대비 44%에서 69%로 증가했다. 두 번째로 부채가 폭발한 1997–2005년 사이에 GDP에 대비한 금융기업의 부채비율은 훨씬 큰 폭으로 늘어나 66%에서 100% 이상으로 폭발했다. 이 두 번째 시기에 가계부채 역시 폭발적으로 증가했는데, GDP 대비 67%에서 92%로 늘어났으며, 그 주요인은 주택경기 활황에 따른 주택 재융자와 신용카드 부채의 증가였다. 비금융기업의 부채도 지속적으로 빠르게 증가하고 있다. 월스트리트 저널의 보도에 따르면 "차입을 바탕으로 한 기업매수와 합병이 유행처럼 번지고 더 많은 배당과 자사주 매입을 요구하는 주주들의 압력이 봇물을 이루는 상황에서 기업들은 지난 몇 년 동안 빠른 속도로 차입금을 늘려왔다. … 이번 1/4분기에 회계년도가 끝난 기업들은 지난 12개월 동안에 부채가 6.3% 증가하여 5조 5천억 달러에 이르렀는데, 이것은 지난 5년 이래로 가장 높은 연간 부채증가율이다. 2005 회계년도의 연간 평균 부채증가율은 5.1%인데 2004 회계년도의 부채증가율 2.7%와는 크게 대비된다… ."[11]

그러나 이러한 금융폭발을 경험하고 있는 기업들은 비금융기업만이 아니다. 비금융기업들의 부채증가율은 금융기업들의 부채증가율에 비할 바가 아니다. 부채의 절대금액이 증가한 것은 물론이고 국가경제의 성장률과 대비해서도 부채의 증가율이 극적으로 높아졌을 뿐만 아니라 부채의 구성요소도 상당히 변화했다. 1970년대 초에는 금융부문의 부채가 미국 전체 부채의 약 10%를 차지했는데 2005년에는 미국 전체 부채의 1/3에 가까워졌다([도표 2.3]). 같은 기간 동안에 비금융기업과 정부의 부채는 매우 극적으로 감소한 반면 전체 부채에서 차지하는 소비자 부채의 비중은 1970년대 중반의 경제위기 때와 별 차이가 없다.

전체 부채는 갈수록 늘어났으나 그것이 경제를 자극한 효과는 별로 크지 않았던 것 같다. 맥도프와 스위지의 가설을 입증하는 데는 다음과 같은 통계보다 분명한 증거는 없다 : 부채창출과 경제성장 사이에 명확한 관계는 없지만 1970년대에는 부채 1달러가 증가했을 때 GDP는 약 60센트 증가했다. 2000년대 초반에는 부채 1달러가 증가했을 때 GDP는 약 20센트 증가했다.

이상에서 살펴본 바와 같이 부채는 여러 목적에 사용될 수 있

[도표 2.3] 미국 부채의 구성요소 비교(1975/2005)

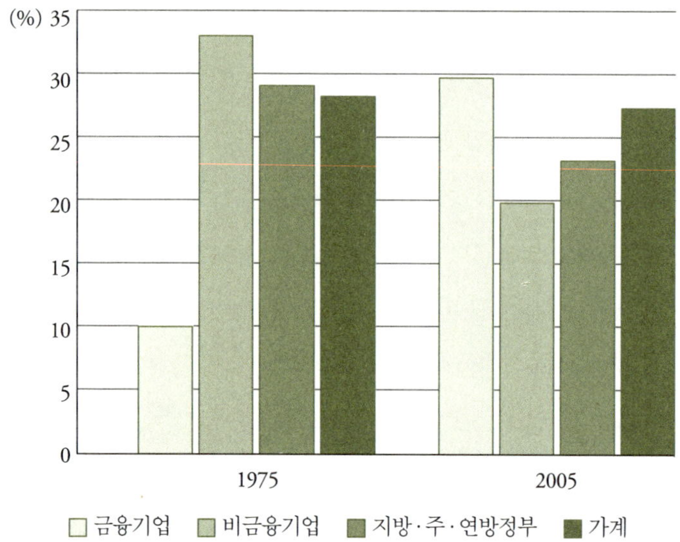

자료 : [도표 2.1]을 보라.

는데, 경제에 큰 자극제가 되어 장기적인 영향을 미치는 경우도 있고(새로운 사업에 대한 투자 또는 기존 사업의 확장), 보통 정도의 상대적으로 단기적 영향을 주는 경우도 있으며(주택의 순가 증가를 현금화하거나 신용카드 부채를 증가시켜 소비재를 구매하는 경우), 근본적으로 경제에 직접적인 영향을 주지 않는 경우도 있다(투기적 금융). 지금과 같은—금융부문의 부채가 다른 어떤 부문의 부채보다 크고 또한 나머지 모든 부문의 부채보다 빠른 속도로 증가하는—부채 구성요소의 변화는 (M-C-M′에서 M-M′로 전환) 부채확대가 경제에 미치는 자극효과가 감소한 이유를 설명해 준다. 어쨌든 분명한 것은 침체의 경향—그리고 이 때문에 생산활동에 대한 투자보다도 투기적

투자가 필연적인 상황—이 현재의 흐름이라는 점이다.

부채/GDP 상관관계에는 장 · 단기적인 한계가 있음이 분명하다. 최근 수십 년간 금융체계를 뒤흔든 주기적인 "신용부족"이 불가피할 뿐만 아니라, 장기적으로 볼 때 금융체계가 쉽게 흡수할 수 없는 심각한 금융붕괴가 발생할 가능성이 점점 높아져 가고 있다. 전임 연방준비이사회 의장 앨런 그린스펀(Alan Greenspan)은 2005년 6월 의회 청문회에서 이렇게 말했다 : "경제사를 보면 적절한 수준의 부채는 경제성장을 자극하고 생활수준을 높여주지만 과도한 수준일 때는 심각한 문제를 일으킨다는 점은 일찍부터 알려져 있었다." MBG 정보 서비스의 수석 이코노미스트 찰스 맥밀리언(Charles McMillion)은 이를 보다 직설적으로 표현했다 : "경제가 유례없이 높은 수준의 부채에 의존하는 정도가 심해지는 상황은 분명히 지속 불가능하며 극도로 위험하다. … 남은 문제는 현재의 불균형이 언제 어떤 형태의 위기로 표출되어 어떤 결과가 나오느냐는 것뿐이다."[12)]

물론 어느 정도가 심각하고 장기적인 위기를 불러오는 과도한 수준의 부채인지는 예측할 방법이 없다. 1987년과 2000년에 주식시장의 거품이 걷히고 난 후에도 부채폭발 과정은 일시적으로 완화되었을 뿐이다. 더 큰 규모의 장기간 지속되는 파국이 찾아와 체제의 핵심을 강타할 때까지 부채폭발이 얼마나 지속될지는 누구도 알 수 없지만, 분명한 것은 부채폭발이 무한정 지속되리라는 생각은 극도로 황당한 희망이라는 점이다. 소득에 대비하여 큰 규모로 꾸준히 증가하고 있는 소비자 부채는 생계지출을 유지하면서 부채를 상환해야 하는 사람들에게는 이미 문제가 되고 있다.[13] 지난 해에 미국의 가구는 세후수입(가처분소득)의 13.75%라는 기록적인 금액을 이자로 지급했다. 지난 해(2005년 7월-2006년 6월)에 임금은 거의 증가하지 않았는데도 미국 가구가 소득을 초과하여 지출한 금액은 1조 1천억 달러였다.[14] 이러한 마이너스 개인 저축률은 대공황 이후로 유례가 없다. 연방준비이사회의 통계에 따르면 2005년 9월 30일에 끝난 지난 해 3/4분기 현재로 미국의 가계부채는 11조 4천억 달러라는 기록적인 금액에 이르렀고, 그 증가율도 1985년 이후로 최고 수준이었다. 2006년 3월 말 현재 전체 가구의 부채 총계는 11조 8천억 달러이다.[15]

연방준비이사회는 가계부채의 이러한 가속적인 증가를 부추긴 주요인은 2000년의 주식시장 내부폭발이라고 분석한다. 연방준비이사회가 경제가 깊은 불황의 늪으로 빠지는 것을 막으려 이자율을 사상 최저 수준으로 낮추자 가구는 주택과 자동차 구입, 신용카드 사용으로 차입을 늘렸다. 2000-2005년 사이에 주택담보대출은 75% 증가했는데, 이것은 주택 소유자들이 더 많은 담보를 제공하고 재융자를 통해 돈을 빼내 여러 가지 목적에 소비했음을 의미한다. 주택건설 붐이 일자 새로운 구매자들이 주택시장에 진입함에 따라 주택은 신용도가 낮은 사람들에게 부풀려진 가격으로 팔려나갔다. 이것이 주식가격 거품을 주택가격 거품으로 옮겨오는 효과를 가져왔다. 2005년에 주택에 대한 민간투자는 증가하여 전체 민간투자의 36%에 이르렀는데, 자동차 보급이 확대되면서 교외지역에 주택건설 붐이 일었던 1958년 이후로는 전례가 없는 일이었다.

새 주택을 구입하는 사람들이 늘었고, 이미 보유하고 있는 주택의 가치가 상승하자 담보를 높여 재융자를 받음으로써 미국인들은 더 많은 부채를 지게 되었다. 여기에 더하여 주택을 구입할 능력이 없는 사람들을 상대로 새로운 방식의 담보기법이 개발되었다(이른바 "서브프라임." 더 높은 이자율을 적용하면서도 감당할 만하다고 느끼도록 여러 가지 미끼를 끼워넣은 대출). 처음 몇 년 동안은 낮은 이자율을 적용하다가 일정기간 이후부터는 이자율을 상향조정하는 방법과 주택가격의 100%를 담보로 인정하는 기법이 따로 또는 함께 사용되었다. 이자율이 상승하면 이자지급에 따른 고통이 증가할 것이고, 이것은 대출기한의 조기종결과 파산으로 이어질 것이며, 신용카드 대금결재가 지연되면 지연 수수료와 지연 이자율이 상승할 것이다. 변동이율을 적용하여 할부금을 내는 사람들과 주택가격의 100를 대출받은 사람들이 할부금 상환 압박과 주택가격 하락이라는 이중의 고통을 받고 있는 현상이 이미 나타나고 있다.[16] 2006년에는 신용등급이 좋은 사람들 가운데서도 대출기한 조기종결이 급속하게 늘어났다. 그러자 이런 종류의 담보를 이용하여 큰 돈을 버는 무리가 나타났다. 담보물 중개인, 최초 대출은행, 대출 중개인, 헤지펀드, 기관투자자들이 더 좋은 조건으로 대출 패키지를 사들였다. 비즈니스 위크지의 기사를 인용하자면 "이 게임에서는 현금위기에 빠진 주택 소유자만 제외하고 모든 참여자가 돈을 번다."[17]

연방정부가 지고 있는 거대한 부채의 내용은 널리 보도되었고, 여기서 속속들이 밝히기에는 지면이 부족하다. 클린턴 행정부 마지막 해에 긴축재정으로 돌아서고 주로 정보기술 산업의 주식에 몰린 투기거품 덕분에 정부예산은 흑자를 냈다. 부시 대통령 취임 이후 정부예산 적자—정부의 부채—는 해마다 큰 폭으로 늘어났다. 부자에 대한 감세(소득의 상향 재분배)와 아프가니스탄과 이라크에서의 값비싼 전쟁 때문에 주로 발생한 정부의 차입은 이른바 쌍둥이 적자의 한 축이다. 다른 한 축은 경상계정 적자이다.

1980년 이후로 미국의 대외교역은 거의 매년 적자를 나타냈다. 지난 2년 동안 미국의 경상계정 적자는 약 7천억 달러, GDP의 6%에 이르는 금액이다. 이것은 미국 정부가 발행한 국채를 상환하거나 미국 시민과 기업이 공산품과 서비스의 구매와 투자를 위해 해외로 내보낸 순현금을 상쇄하자면 매일 20억 달러가 들어와야 한다는 것을 의미한다. 금융전문가들 사이에서는 외국의 중앙은행과 부유한 개인들이 투자방향을 다른 나라의 다른 통화로 바꿀 것이라는 심각한 우려의 목소리가 나오고 있다. 최근의 보도에 따르면 국제통화기금(IMF)은 미국의 경상계정 불균형에 대해 우려하고 있다고 한다. "저축과 투자의 불균형을 조정하는 데 필요한 정책이 집행되지 않는 상태에서는 무질서한 달러 보유고 조정의 위험이 증가할 수 있다."[18)]

실제로 외환시장에서 어떤 일이 일어날 수 있는지 한 사례를 들어보자. 2005년 2월에 한국 중앙은행의 특별한 저의가 없는 발표—달러 중심의 외화자산 운용에서 벗어나 보유외환을 다양화하겠다—한 마디에 일시적이지만 달러화의 가치가 내려갔다. 뉴욕타임스는 사설에서 다음과 같이 말했다 : "달러 매각이 외환시장의 대혼란을 불러오지는 않았지만 그럴 수 있다는 느낌을 준 것은 분명하다. 엔과 유로에 대비한 달러가격은 최근 2개월 이내에 하루 동안의 하락폭으로서는 최대의 기록을 세웠다. 뉴욕 · 런던 · 파리 · 프랑크푸르트 증권시장에서는 주식가격이 하락했고, 달러가치가 하락할 때면 상승하는 경향을 보이는 금과 원유가격이 치솟았다."[19] 당시 한국이 보유한 미국 국채는 690억 달러에 지나지 않았는데, 1조 달러 정도의 미국 국채를 보유한 중국이나 일본의 중앙은행이 달러 자산을 다른 외화 자산으로 바꾼다면 어떤 일이 벌어질지 상상해 보라! (아마도 두 나라가 그렇게 하지 못하는 유일한 이유는 달러에 너무 많은 투자를 해놓았기 때문에 금융위기가 오면 두 나라의 미국 기반의 "저축"이 치명타를 입게 되기 때문일 것이다.)

거대한 카지노

부채의 폭발과 함께 미국 경제에는 금융과 금융투기의 이상성장이 찾아왔다. 아래에서 설명하겠지만 부채는 금융투기에 기름을 붓고 동시에 금융투기가 더 많은 부채를 유도하는 상승작용을 하였다.

자본주의 생산체제가 성숙단계에 이르러 "실물"경제에서 (무언가 실제로 만들어내거나 서비스를 제공하는) 새로운 투자를 통해 이윤을 만드는 것이 점차 어려워진 정체상태가 되자 자본이 보인 반응은 금융체계를 확대하고 여러 가지 새로운 속임수를 동원하여 다른 경제부문에서 잉여가치를 뽑아내는 것이었다.

자금의 운용처를 찾지 못한 미국의 기업들은 2006년 중반에 주식시장 가격의 20%와 맞먹는 현금과 국채를 보유하고 있었다. 뿐만 아니라 미국에서는 잉여자본에 대해 문제를 제기하는 사람은 없었다. 여기다가 중국과 인도 같은 성장하는 경제에 투자기회가 많다는 소문이 나돌자 [월스트리트 저널의 보도를 인용하자면] 실질적으로는 무이자인 일본과 미국의 자금, 이율이 낮은 유럽의 자금, 고유가 덕분에 쌓인 "석유달러"가 몰려들어 거대한 돈의 물결이 "온 세계를 휩쓸고 다녔다."[20] 앞에서도 인용했지만 마르크스는 이러한 상황을 예견했다. 이제 금융부문이 거대한 축적자본을 위해 새롭고 확장된 출구를 제공해야 하는 무거운 짐을 지게 되었다.

주류 경제학자들은 대체로 정체를 무시해 왔으며, 따라서 금융팽창의 구조적 원인을 인식하지 못하였고, 그 위험에 대해서도 무지했다. 이와는 반대로 맥도프와 스위지는 20세기 후반의 정체 상태에서 증대하는 금융부문의 역할이 어떤 의미를 갖는지 일찍부터 간파하고 있었다. 두 사람의 설명에 따르면, 19세기 말에 거대기업이 생겨나면서 "자본주의 경제의 구성요소는 질적인 전환을 겪었다. 다양한 방식과 규모의 회사채가 발행되면서 조직화된 주식과 회사채 시장, 중개회사, 새로운 형태의 은행업, 그리고 베블렌이 금융두목이라고 이름지었고 머지않아 자본주의의 부와 권력의 위계에서 가장 높은 자리를 차지하게 되는 집단이 생겨났다."[21] 나아가 두 사람은 20세기에 들어와 1980년대에 이르기까지 금융부문이 믿기 어려운 속도로 발전해 온 과정을 밝혀내고 이를 저서에서 "금융폭발"이라고 표현했다. 20세기의 나머지 20년은 두 사람의 주장을 입증해 주는 시기였을 뿐이다.

M-C-M′에서 M-M′로

금융(은행, 투자은행, 보험사 등)은 돈으로 돈을 만들기 위해 끊임없이 새로운 기법을 만들어내는데, 마르크스는 이 과정을 M-M′라는 공식으로 표현했다. 따라서 금융은 자본주의 체제의 여러 부분을 연결해 주는 "접착제"요, 각 부분들이 원활하게 작동하도록 도와주는 "윤활유"일 뿐만 아니라 성숙기에 접어든 자본주의 경제에서는 지배적인 활동을 한다.

앞에서도 언급했지만 미국의 총 부채의 약 1/3을 금융기업이 갖고 있으며, 금융기업은 또한 최대의 부채부문이기도 하다. 물론 금융부문이 그 많은 부채를 갖고 있는 이유는 돈을 벌기 위해서이다. 미국 국내 총 이윤에서 차지하는 금융이윤의 비중이 1960년대에는 약 15%였던 것이 2005년에는 40%에 이르게 되었다([도표 2.4]를 보라). 아울러 한때 국내 총 이윤의 50%를 차지하던 제조업부문의 이윤이 이제는 15% 이하로 떨어졌다. 놀랍게도 이러한 역전은 2000년의 주식시장 붕괴 이후에 일어났다. (미국 제조업부문의 고용이 감소하고 서비스나 금융부문보다 이익산출 비중이 하락했음에도 생산성 향상으로 인해 실질적인 제품생산량은 늘었다는 점에 주목할 필요가 있다.)

금융이 비금융부문 기업의 활동에서 얼마나 중요한 의미를 갖는지는 주요 제조기업과 소매업 기업의 이익구성을 살펴보면 알

[도표 2.4] 5년 주기로 본 제조업부문과 금융부문이 국내 총 이익에서 차지하는 비중

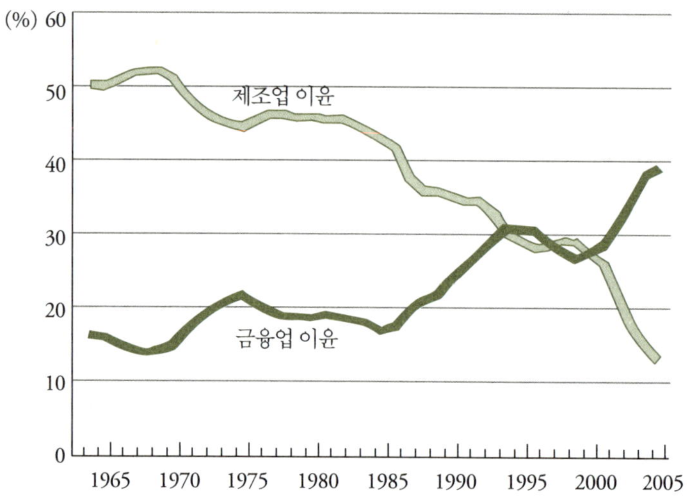

자료 : 「대통령 경제보고」, 표 B-91을 기초로 재구성.

수 있다. 비즈니스 위크지의 분석에 따르면 "농기구 제조업체인 디어 앤드 컴퍼니의 이익의 1/4 가까이가 금융활동에서 나온다. 소매기업 타겟 코퍼레이션의 경우 15% 가량이 신용카드 수수료이다. 그리고 제너럴 모터스 사는 자동차 판매에서는 고전하고 있으면서도 할부금융 부문에서는 큰 이익을 내고 있다. 지난 해에 제너럴 모터스는 금융활동으로 26억 달러를 벌었으나 자동차 판매에서는 손실을 냈다."[22] 거대 소비재 소매상인 월마트도 금융영업에 뛰어들어 어음할인, 수표 현금교환, 우편환 추심, 전신환 해외송금 같은 금융 서비스를 제공하고 있다.

금융기업들은 대손충당금 부담을 회피하기 위해 여러 가지 기법을 개발해냈다. 그들은 이제 여러 개의 대출을 "묶어서" 헤지

펀드와 기관투자자들에게 판매한다. 그들은 이런 거래를 중개하고 수수료를 받는데, 이자수입은 줄어들지만 위험은 전혀 없다. 이와 같은 새로운 기법이 얼마나 중요할까? "금융기업들은 수익의 42%를 수수료에서 얻고 이자수입은 58%밖에 되지 않는다. 그런데 1980년에는 이 비율이 각기 20%와 80%였다 … ."[23] 채권추심의 부담에서 벗어난 은행들은 대출을 늘리려 노력하고, 따라서 부채가 증가한다. 종래에 은행들은 대출금 상환을 보장받기 위해 대출업무에서 매우 보수적이었다. 그러나 이제는 환경이 바뀌어 상황이 의심스러운 대출도 마다하지 않는다 :

> 대표적인 사모펀드 회사인 베스타 캐피털 파트너스의 최고경영자인 다니엘 오코넬은 "지금까지 은행들은 고객이 좀더 보수적이기를 원했다. 그런데 이제는 은행들이 고객에게 돈을 더 빌리도록 부추긴다"고 말한다. 은행이 적극적인 이유는 대출금 회수를 걱정하지 않기 때문이다. 그들은 대출상품을 다른 사람에게 팔아버리고 이를 사들인 회사는 이국적인 분위기를 풍기는 CLO(collateralized-loan obligation : 대출담보부 증권)란 상품으로 다시 포장하여 투자자들에게 팔아버린다. 전통적인 자금운용 회사와 헤지펀드들이 새로운 CLO를 투자자들에게 매각했다고 발표하는 금액이 한 주에 수십억 달러가 된다. 많은 경우에 그들은 이 복잡한 증권거래에서 약간의 부스러기를 챙긴다.[24]

투기의 규모

주식, 선물, 파생상품, 외환거래 같은 금융"도구"를 통해 이루어지는 투기의 규모는 놀라울 정도이다. 맥도프와 스위지가 처음으로 이런 추세에 대해 분명한 경고신호를 울렸다. 오늘날 금융분석가들은 금융이 밑바탕 실물경제와는 독립적으로 끝없이 성장할 것처럼 말한다. 주식시장과 외환거래(한 나라의 통화가치가 다른 나라의 통화가치에 대비하여 변화할 것이라는 예측을 바탕으로 한 내기)의 규모는 바탕이 되는 실물경제와는 비례하지 않는 거대한 카지노로 변했다. 예컨대 뉴욕 증권시장에서 하루 동안에 거래되는 주식 수는 1975년에는 1,900만 주였던 것이 1985년에는 1억 900만 주로 늘어났고 2006년에는 16억 주, 시장가격으로는 600억 달러가 되었다.[25]

하루 거래 규모면에서 이보다 더 큰 것이 외환시장인데, 1977년에는 하루 평균 180억 달러이던 것이 지금은 하루 평균 1조 8천억 달러로 늘어났다! 이것은 매 24일마다 거래되는 달러 규모가 전 세계의 연간 GDP와 맞먹는다는 것을 의미한다! 외환투기는 24시간 거래할 수 있고 쉽게 들어갔다가 쉽게 빠져나올 수 있어서 특히 매력적이다. 그러나 "외환전문가들은 위험이 매우 크다고 경고한다. 거래자들은 자신의 판돈보다 최고 200배나 많은 금액을 빌려서 내기에 걸 수 있다. 내기에서 지면 그만큼 잃게 된다."[26] 외환거래의 대상이 되는 통화는 거의 대부분이 달러, 엔, 유로, 파운드 같은 주요 통화이지만 최근에는 일본 정부가 경기진작을 위해 금리를 실질적으로

제로수준으로 묶어둔 엔화를 빌려 투기하는 작전이 등장했다. 이렇게 조달된 자금이 오스트레일리아, 뉴질랜드, 터키, 아이슬란드같이 상대적으로 금리가 높은 나라로 흘러들어 간다. 11.5%란 높은 크로나 금리 때문에 너무나 많은 돈이 아이슬란드로 흘러들었다가 일본 정부가 금리를 올리겠다는 태도를 보이자 돈이 빠져나가면서 아이슬란드의 주식시장은 사실상 붕괴했다.

시장에서의 도박에는 여러 가지 기법이 있다. 예컨대 미래의 특정 시점에 되사서 특정 가격으로 원 소유주에게 돌려준다는 조건으로 빌린 주식을 파는 기법이 있다. 미래의 어느 시점에 특정 가격으로 주식을 매입할 수 있는 권리를 살 수 있고(call option), 미래의 어느 시점에 특정 가격으로 주식을 팔 수도 있다(put option).

선물거래는 거의 모든 상품을 미래의 가치 또는 지수로 사고 파는 것이다. 곡물, 우유, 버터, 설탕, 오렌지, 가축, 돼지고기, 연료, 금속 등을 사고 파는 선물시장은 오래 전부터 있어왔다. 실물을 생산하는 경제에서는 제조기업이 생산하는 제품의 주요 원재료의 비용을 안정시키거나 고정시키려 노력하는 것은 이해할 수 있는 일인데, 제빵업자와 밀의 관계가 한 예라고 할 수 있다. 그러나 2005년의 경우 전 세계적으로 천억 건의 선물거래(선물, 선물옵션, 증권옵션) 계약이 이루어졌는데 그 중에서 농산품, 금속, 에너지는 8%가 되지 않는다. 오늘날 선물거래의 92%가 외환, 지방정부나 중앙정부가 발행한 채권, 주식, 금리, 그 밖의 여러 가지 금융 또는 주식 관련 지수(닛게이 225, 스탠다드 앤드 푸어스 500, 다우 존스 상업평균 등) 같은 금융부문에서 이루어지고 있다.

2003년에는 미 국방성과 민간업자가 손잡고 열기가 더욱 뜨거운 선물시장을 개발했다. 암살과 테러리스트의 공격 가능성을 두고 투기를 하는 시장이 열린 것이다. 상원 소수당 원내 지도자인 톰 대슐(Tom Daschle : 민주당, 사우스다코타 출신)은 의회연설에서 이렇게 말했다 : "미래에 테러리스트의 공격과 공개적인 암살 가능성을 두고 투자자들이 투기하도록 부추기는 웹사이트 개발에 8백만 달러의 예산을 배정해야 하는 이유를 알 수가 없다. … 죽음을 거래하는 데 진지하게 생각할 투자자가 있으리라고 생각할 수가 없다. … 머지않아 원하는 결과를 만들어내는 방법을 찾는 데 투자하는 사람들이 나오지 않을까?" 논란이 일자 이 프로그램을 개발하는 데 국방성이 참여를 취소한다는 결정이 내려졌다.

금융투기가 폭발하는 데는 파생상품과 헤지펀드 또한 결정적인 역할을 하였다.

2001년 4월에서 2004년 4월 사이에 외환과 금리 파생상품(전통적인 확정일 인도 선물환과 외환 스와프를 포함하여)의 하루 거래액은 74%나 증가한 2조 4천억 달러에 이르렀다. 2006년 6월 말 시점에서 장외 파생상품 시장의 표면상의 거래금액은 283조 달러인데, 이것은 한 해 동안에 생산되는 전 세계의 모든 상품과 서비스의 6배를 넘는 금액이다. 파생상품이 지속적으로 증가하는 추세의 속도가 어느 정도인지 알려면 2006년 전반기 동안에 "전 세계의 신용파생상품 시장이 52% 증가한 26조 달러"라는 사실을 주목해야 한다.[27] 이 시장은 지난 4년간 매년 100% 이상 성장했다.

미국에 근거지를 둔 헤지펀드가 운용하는 자산 규모는 현재 1

조 2천억 달러 규모인데, 짧은 시간 안에 자금을 인출하기도 하고 투입하기도 하면서 미국의 하루 주식거래의 절반을 주무르고 있다고 한다. 헤지펀드는 고수익을 자랑하지만 그 이면에는 여러 가지 위험이 도사리고 있다. 예컨대 헤지펀드 회사인 아마란스 어드바이저(Amaranth Advisors)는 9월의 한 주 동안에 운용자산의 절반이 넘는 60억 달러를 잃었다. 이 회사는 석유보다도 가격이 더 불안정한 천연가스에 거액을 걸었다가 짧은 시간 안에 엄청난 돈을 날렸다. 이 회사는 2007년 3월 인도분 가스와 한 달 후(2007년 4월) 인도분 가스의 가격차이가 더 늘어날 것이라 예측하고 돈을 걸었다. 그런데 일반적으로 9월이 되어야 내려가던 가스가격이 이 기간 동안에도 상당한 폭으로 내려갔다. 분명한 것은 이런 유형의 투기가 금융체계에 잠재적인 불안정을 유발한다는 점이다. 뉴욕타임스는 이런 기사를 실었다 : "어제 미국 최대 규모의 헤지펀드가 거대한 손실을 입음으로써 비밀스럽고 통제받지 않는 공동투자가 광범위한 금융위기를 불러올 수 있다는 우려가 되살아났다."[28]

인수합병(M & A)

우리는 개인투자회사가 상품처럼 기업을 인수하거나 매점하는 열풍을 목격하고 있다. 이런 거래에서는 큰 규모의 차입금이 동원되므로 결과적으로 체제 내부의 전체 부채가 늘어난다. 지난 해에 포브스지에 실린 기사는 이런 현상을 다음과 같이 설명했다 :

"이와 같은 활동(차입을 통한 기업매점)은 투자자들이 장기국채보다도 나은 수익을 올릴 수 있는 것이라면 어떤 거래도 마다하지 않는다는 사실에서 기인한 것이다."[29] 올해에는 기업 인수합병의 규모가 최고조에 올랐던 2000년의 3조 달러를 초과할 것 같다.[30] 이런 활동이 확대된 데에는 몇 가지 원인이 있지만 그 중에서 가장 중요한 원인은 체제 주변을 흘러다니는 돈이 너무 많았기 때문이다. 월스트리트 저널의 분석에 따르자면 "기업의 수익이 늘어남에 따라 기업이 보유한 현금과 재매입한 주식의 비축량이 기록적인 수준에 이르렀고, 그 결과로 이런 자금을 어떻게 배분해야 할지 결정해야 하는 경영자들에게 도전적인 기회를 준 것이다."[31]

개인 투자집단에 의한 기업매점의 목적은 새로운 관리자가 문제 있는 기업을 개선시켜 회사의 가치를 높인 후 새로운 주식을 투자자들에게 파는 것이라고 한다. 그런데 요즘 일어나고 있는 실상을 보면 비즈니스 위크의 기사제목처럼 "사서, 벗기고, 재주부리는"[32] 일이 다반사인 것 같다. 이런 거래에서는 수익이 삽시간에 생겨난다. 예컨대 2002년에 버거 킹 주식회사를 사들인 개인투자회사는 14억 달러의 매입대금 가운데서 자기 자금은 1/3밖에 투입하지 않았다. 나머지 돈은 어디서 나왔을까? 버거 킹 주식회사가 차입한 부채였다. 이 추가부채를 이용하여 버거 킹은 새로운 소유자로부터 빌린 돈—추가부채를 동원하자마자 갚았다—에 대한 이자 5,500만 달러를 포함하여 새로운 소유자에게 "배당금과 수수료"로 4억 4,800만 달러를 지급했다.[33] 개인투자회사는 버거 킹의 주식 76%를 취득하는 과정에서 그들이 투입한 자금은 모두 회수했고,

이제 버거 킹의 회사가치는 그들이 최초 투자한 금액의 3배가 넘는 18억 달러로 평가되고 있다! 지금 버거 킹의 주식을 산다면 이전에는 없었던 대규모의 부채부담까지도 함께 사는 셈이다.

보다 최근의 거래에서는 세 개의 개인투자회사—베인, 콜버그 크라비스, 메릴 린치—와 프리스트 집안이 연합하여 현금 55억 달러를 투자하여 영리목적의 병원체인 HCA를 매입했다. 이 병원체인의 가격표에는 316억 달러라고 표시되어 있었는데, 나머지 돈은 주택할부금융처럼 이 병원의 수입에서 갚아나가는 조건으로 차입을 통해 동원되었다.[34] (프리스트 집안의 핵심인물 가운데 한 사람이 상원 소수당의 지도자이며 2008년 대통령선거의 유력한 후보로 거명되고 있다.)

스탠다드 앤드 푸어스의 분석에 따르면 지난 3년 동안에 "기업들은 사모펀드 회사에 배당금을 지급하기 위해 690억 달러를 차입했으며 … 이는 지난 6년 동안에 같은 목적으로 차입한 100억 달러와 크게 대비된다."[35] 그리고 2006년 7월 한 달 동안의 기업매수 금액이 2천억 달러에 가까운데, 이는 2004년 한 해 전체의 기업매수 금액의 2배 가량이 된다. 핵심을 말하자면, 자본은 방대한 가처분 잉여를 새로운 생산설비에 투자하지 않고 금융으로 부를 축적하기 위해 기업매입에 사용하고 있다.

이러한 차입을 통한 기업매입은 투기자들에게는 거대한 이익을 안겨주지만 동시에 더 많은 부채를 만들어내고 있다. 그들이 부채를 동원하여 사들인 기업들이 새로운 주식발행을 통해 대중에게 매각되기 전에 수익성이 향상되는지는 논란의 여지가 있다. 논란의 여지가 없는 것은 매수당한 기업들은 가중된 부채부담을 안는다는 사실이다.

월스트리트 저널에 따르면,

> [주식공개(Initial Public Offerings : IPO)를 통해 매각되는 기업의] 20%가 주식공개로 돈을 끌어들인 후에도 회사의 장부상 가치는 마이너스이다. 이것은 이런 기업이 공개되는 바로 그날 청산절차에 들어간다면 주식 소유자들은 아무것도 건질 게 없음을 의미한다. 부채비율이 높은 기업들의 대부분은 개인 자산투자의 결과로 시장에 나온다. 금년에 … 주식공개된 회사의 40% 뒤에는 아폴로 매니지먼트 LP와 사이프레스라는 사모펀드 회사들이 있다. 그들은 흔히 호가의 일부를 현금으로 지급하고 나머지는 부채를 동원하여 기업을 매입하는데, 부채는 그들의 대차대조표의 자산난에 올라온다.[36)]

금융자본의 결산표

외환과 선물거래, 복합적인 파생상품 거래, 헤지펀드의 성장, 기절할 정도의 부채증가는 하나의 현상에 대한 각기 다른 대응방식이다. 실물을 생산하고 서비스를 제공하는 경제가 정체하면서 M-C-M′ 공식이 작동하지 않게 되자 새로운 형태의 "투자"가 등장했다. 그것이 바로 금융기법을 통해 고율의 투기적 이윤을 노리는 차입투자의 거품이다. 성숙기에 접어든 자본주의 경제를 끊임없이 괴롭히는 정체의 깊이는 우리가 앞에서 "거대한 카지노"라고 이름

붙인 곳으로 투자가 몰려들고 있는 사실로써 충분하게 증명이 된다. (인플레를 감안할 때) 감소된 실질임금과 (감세와 사회적 서비스의 축소를 통한) 부의 상향 재분배—이것은 사실상 상층부가 일방적으로 선포한 계급전쟁이다—가 생산적 경제에서 자본수익율의 무한증가를 보장해 주지는 못했다. 그래서 자본은 이윤을 추구하기 위해 재화와 서비스의 생산에 의존하지 않고 상시적으로 새로운 방식의 도박에 의존하는 것이다.

부채와 투기의 방대한 확장은 일반대중으로부터 더 많은 잉여를 추출할 수 있는 길을 열어주며, 따라서 노동자와 중하층 계급을 착취하는 한 수단이 된다. 앞에서도 언급했지만 자본이 동원하는 몇 가지 수법은 다음과 같다 : (a) 일반대중과 기업을 대상으로 한 더 많은 대출, (b) 저소득층을 대상으로 한 매우 불리하고 이해하기 어려운 조건의 대출, (c) 차입금을 통한 기업매수로 기업에게 부채를 가중시킴(기업을 재무적으로 더욱 취약하게 만들고 종업원, 임금, 수익을 감소시킨다), (d) 대외교역의 불균형. 이러한 불균형을 교정하기 위해서는 거대한 금액이 해외에서 미국으로 투자되어야 한다. (e) 상상할 수 있는 모든 것을 대상으로 한 거대한 투기. 많은 사람들이 이런 활동을 통해 돈을 벌지만 문제가 터지면 책임을 져야 하는 밑바닥 대중만은 예외이다. 자본이 벌이는 금융 야바위 놀음에서 일반대중이 얼마나 많은 대가를 치러야 하는지는—실패의 비용은 자본으로부터 대중에게 전가되므로—미국 정부가 여수신 은행기업에 투입한 긴급구제금융의 규모를 보면 알 수 있다. 1990년대에 미국 정부가 투입한 긴급구제금융은 1,750억 달러 가량 되는데, 이것은 현재 또는 미래에 대중이 부담해야 할 세금이다!

부채와 투기의 성장이 어떤 결과를 가져올지, 그리고 금융체계에 어떤 변화를 불러올지에 관한 우려가 점차 커지고 있다.[37] 뉴욕 연방준비은행 총재 티모시 가이트너는 1998년 이후 발생한 금융체계의 변화로 비교적 작은 충격이 전체 체계를 뒤흔들 가능성은 줄어들었다고 생각한다. 그러나 그는 "미래에 체계의 혼란이 발생할 가능성을 낮춰준 바로 그 요인이 … 매우 심각한 금융충격을 더욱 복잡하게 만들고 그 피해를 증폭시킬 수도 있다. 작은 충격에도 쉽게 흔들리는 금융체계의 취약성을 보완해 준 그 변화가 큰 충격이 찾아올 위험을 더 키워준 것"이라고 말했다.[38]

정체 때문에 이윤을 축적할 기회가 줄어들자 자본이 동원한 다양한 기법은 미국 경제에 더욱 많은 취약점을 추가했다. 장래에 더 큰 모순을 만들어내지 않을 수 없는 그 취약점들을 대략적으로 열거하자면 다음과 같다 : 해마다 거듭되는 대외교역의 방대한 불균형, 기반경제에 대비하여 모든 분야에서 끊임없이 증가하는 부채, 더 큰 규모의 투기에 몰입해 가는 금융부문의 활동. 생산기반과 비교하여 금융 상부구조가 무한정 팽창할 수는 없다(물론 상부구조의 확장 한계가 어디까지인지는 명확하게 판정하기 어렵다). 물론 정체에 대응하기 위해 특별한 방편으로서 나온 것이기는 하지만 그와 같은 투기적 "해법"이 풍선처럼 체제를 계속하여 확장시켜 줄 수는 없다. 이제 유일하게 남은 문제는 이런 메커니즘이 굴러가다가 언제쯤 일시에 모든 것이 정지할 것이며, 그 때 어떤 상황이 벌어질 것인가 하는 점이다. 하나의 가능성은 전반적인 디플레이션과 함께 찾아올 심각하고도 장기적인 경기후퇴이다. 또 하나의 가능성은 1980년대에 은행업무가 마비되었을 때와 1990년대 말에 롱 텀 캐피털 매니지먼트 사가 거의 붕괴직전까지 갔을 때 그랬던 것처럼 정부가 금융제도를 긴급구조하기 위해 성공적이고 지속적으로 개입하는 것이다. 그런데 부채와 투기가 고도로 서로 얽혀 있는 상황에서는 정부의 긴급개입은 단지 일시적인 효력을 가질 뿐, 전반적인 위기를 순연시켜 경제에 장기적인 위협을 안겨줄 것이다.

CHAPTER 03

독점-금융자본

2006년 12월

금년은 폴 배런과 폴 스위지의 고전적 저술인 『독점자본 : 미국 경제와 사회질서에 관한 논고』가 나온 지 40주년이 되는 해이다. 1960년대 초중반의 주류 경제학 저서들[가장 널리 알려지고 영향력이 있었던 저작이 존 케네스 갈브레이스(John Kenneth Galbraith)의 『새로운 산업국가』(*New Industrial State*)와 밀튼 프리드먼(Milton Friedman)의 『자본주의와 자유』(*Capitalism and Freedom*)였다]과 비교할 때 『독점자본』은 급진적인 관점뿐만 아니라 자본주의의 역사적 특이성을 고찰했다는 점에서도 선명하게 대비되었다. 배런과 스위지가 밝혀내고자 했던 것은 마르크스의 『자본론』처럼 자본주의의 본질이 아니라 자본주의 발전과정의 특정 "단계"였다. 두 사람의 저술목적은 자본주의 경제의 기본적인 경향의 상호작용, 보다 구체적으로는 그런 경향이 형성되기까지의 역사적·정치적·사회적 동인을 규명함으로써 자본주의의 독점단계를 "개괄적으로" 보여주는 것이었다.

그러므로 우리가 배런과 스위지 저작의 출간 40주년을 맞아 제기해야 할 가장 중요한 질문은 이것이다 : 배런과 스위지가 명명한 자본주의의 독점단계는 더 심화되었는가? 아니면 그 단계를 넘어 변화하였는가? 주요한 역사적 발전과정이 대개 그러하듯 뒤돌아보면 1960년대 중반 이후의 전개과정에서는 상호 모순된 요소들의 충돌이 분명하게 드러난다. 자본주의 체제의 추동력인 자본축적 과정이라는 관점에서 볼 때 체제는 아직 방향을 찾지 못하고 있음이 분명하다. 『독점자본』에서 밝혀낸 정체라는 곤경은 더욱 악화되었다. 바탕의 문제들은 확산되고 심화된 데다가 체제를 부식시킬 새로운 문제들이 등장했다. 그러나 다른 각도에서 보면 체제는 자기 재생산의 새로운 방법을 찾아냈고, 자본은 역설적이지만 이 곤경 속에서도 금융부문의 폭발적인 성장(스위지는 이것을 "금융자본의 승리"라고 불렀다)을 통해 번영을 구가했다.[1] 우리는 체제의 이러한 혼혈적인 국면을 "금융-독점자본"이라고 부르고자 한다.[2]

독점자본의 내용을 거칠게 요약하자면 다음과 같다. 20세기가 시작되기 직전에 자본주의는 중대한 변화를 겪게 되는데, 그것은 거대기업의 등장이었다. 그 후 수십 년 동안 두 차례의 세계대전이 있었고, 거대한 변화와 함께 시작된 불황이 경제를 지배했다. 제2차 세계대전 후에 자본주의의 새로운 단계는 확고하게 자리 잡았는데, 특히 미국에서 가장 선진적인 자본주의 경제가 등장했다. 그 결과는 한 줌의 거대기업이 대부분의 산업을 지배하는 상황이었다. 이와 같은 상황은 19세기의 자유경쟁 체제와는 전혀 다른 것이었다. 19세기의 경제는 소규모 가족기업이 주류를 이루고 있어서 가격, 생산량, 투자결정에 있어서 더 큰 시장의 힘이 지배했다.

새로운 독점자본 질서 하에서 기업은 경제학 교과서에서 말하는 자유롭게 경쟁하는 실체가 아니라 요셉 슘페터가 『자본주의, 사회주의 그리고 민주주의』에서 말한 "독립적이면서도 상호 의존적인", 다시 말해 이성적이며 이윤 최대화를 추구하는 과점집단이 되었다. 이러한 환경에서는 기업은 가격결정을 할 때나 시장점유율과 이윤폭의 증가를 시도함에 있어서 주경쟁자를 염두에 두고 행동한다.[3] 이러한 독점적 기업들은 이른바 "가격전쟁"이라는 상호 파괴적인 경쟁을 포기하는 대신에 원가절감과 판매확대로 경쟁했다. 그 결과 배런과 스위지가 말한 경제 전체의 "잉여의 상승경향"이 나타났으며, 대기업이 활동하는 분야에서는 특히 그러했다.

이것은 경제의 주요 과제가 실제적이고도 잠재적인 거대한 잉여를 흡수할 수 있는 방안을 찾아내는 것이었음을 의미한다. 미칼 칼레츠키(Michal Kalecki)와 조셉 스타인들(Joseph Steindle) 등의 초기의 선구적인 연구를 이어받아 배런과 스위지는 독점자본주의 경제의 특징은 잉여를 창출할 수 있는 투자처가 줄어들고 잉여를 흡수할 수 있는 다른 방식(판매확대책과 정부지출)도 궁극적으로 불황을 타파할 수 없을 때 나타나는 정체경향이라고 주장했다. 그 결과 나타나는 주기적인 생산부문의 설비과잉이 새로운 투자기회 및 의욕도 감소시킴으로써 자본축적을 속박했다.

증기기관, 철도, 자동차 같은 규모의 효과를 수반하는 기술혁신이 일어나 축적과정을 다시 점화시키지 않았더라면 체제는 정체의 진흙탕 속에서 영원히 헤어나지 못했을 것이다. 칼레츠키는 저서 『경제역학론』(*Theory of Economic Dynamics*)에서 다음과 같이 지적했다 : "우리의 분석은 … 장기발전은 자본주의 경제의 본질이 아님을 보여준다. 그러므로 장기적 상향운동이 지속되기 위해서는 특별한 '발전요인'이 필요하다."[4)]

독점자본의 핵심적인 과제는 자본주의적 소비와 투자방식을 뛰어넘어 잉여를 창출할 수 있는 추가적인 출구를 찾는 일이었으며, 그래야만 체제의 붕괴를 막을 수 있었다. 배런과 스위지가 저서를 준비하고 있던 시기에 자본주의는 "황금 시대"를 구가하고 있었다. 그래서 두 사람의 저서는 체제의 정체경향에 대항하는 힘이 무엇인지를 규명하는 데 초점이 모아져 있었다. 저서의 5-7장은 자본주의적 소비와 투자가 잉여를 흡수할 때 정부의 민수부문 지출, 군사 · 제국주의적 소비, 그리고 판매확대를 위한 기업의 노력으로부터 어떻게 도움을 받는지 살펴보고 있다. 그런데 정부지출의 증가는 사적 축적에만 개입하기 때문에 매우 제한적이었다. 군사적 지출은 외부의 위협이 있어야만 정당화될 수 있었다. 판매확대 노력은 기업차원에서 추가판매와 시장점유율의 확대로 연결될 때에만 합리화될 수 있었다. 결론적으로 배런과 스위지는 정체와 정체에 대항하는 요소들 사이에는 대칭성을 입증하기 어렵다고 주장했다. 정체의 경향은 뿌리 깊고 강력하며 영속적인 반면에 이에 대항하는 경향은 피상적이고 나약하며 자기제한적이었다.[5)]

저서가 나온 지 25년이 지난 후 출간 당시를 회고하는 "『독점자본』 이후 25년"이라는 글에서 스위지는 이렇게 말했다 : "총체적으로 말하자면 이 25년 동안에 일어난 여러 가지 변화와 발전에 비추어 볼 때 나의 주장이 옳았다고 생각한다."[6] 그들의 저서가 출간되자마자 제2차 세계대전 이후의 초기의 번영이 수그러들기 시작하였고, 1970년대에 들어서자 미국과 세계 경제에 아직도 어두운 추억으로 남아 있던 1930년대를 연상케 하는 (물론 1930년대만큼 암울하지는 않았지만) 정체상황으로 돌아가고 있었다. 제2차 세계대전 이후의 활황 한가운데서 『독점자본』이 앞으로도 급속한 성장이 계속되리라는 전반적인 예측에 맞서서 "독점자본 경제의 정상상태는 정체"라는 과감한 주장을 내놓았고, 이 주장은 이후의 역사기록에 비추어 볼 때 상당부분 입증되었다.[7]

그럼에도 불구하고 스위지는 『독점자본』 출간 25주년에 자신의 분석이 몇 가지 면에서는 결함을 갖고 있음을 알았다. 그것은 1970년대에 시작되어 1980년대에 가속적으로 진행된 금융부문의 확장을 예견하지 못한 점이었다. 스위지 자신이 표현을 빌리자면, "[이론과 실제 역사전개 과정 사이에는] 분명한 괴리가 있는데, 그 이유를 설명하자면 『독점자본』을 저술하던 무렵에는 이런 사태가 일어나리라고는 조금도 예측하지 못했기 때문이다. 바로 이 25년 동안에 미국은 물론이고 전 세계의 자본주의 경제에서 금융부문이 거대하게 팽창하고 갈수록 복잡해졌다. 이 과정에서 기업이 주도하던 '실물' 경제의 구조와 기능은 여러 가지로 중요한 영향을 받았다." 나아가 스위지는 『독점자본』의 주장 가운데서 몇 가지 중요한 면을 배척하거나 수정하지 않을 수 없게 만든 경제의 금융화의 세 가지 양상을 지적했다.

첫째, 거대기업을 다룬 장에서는 기업 자본주의의 견고한 구조가 어느 정도는 안정을 지속하리라고 보았다. 그러나 정크 본드가 유발한 1980년대의 차입을 통한 기업매수 열풍은 모든 것을 바꾸어 놓았으며, 아무리 거대한 기업이라도 외부 금융기업의 탈취수단 앞에서는 매우 취약하다는 사실이 밝혀졌다. 정크 본드의 큰손들은 막대한 현금자원을 동원하여 주주들을 매수하고, 인수가 끝나면 늘어난 부채를 표적이 된 기업에 떠안김으로써 매입한 기업을 약탈했다. 비교적 소수의 거대기업들이 이러한 적대적 인수의 대상이 되기는 했지만, 기업계에 미친 전반적인 영향은 매우 커서 기업들은 기업자산을 노리는 금융 이리떼의 매력적인 표적이 되는 것을 피하기 위해 일부러 부채를 늘리지 않을 수 없었다. 기업계 전체가 "투기금융에 대비한 보호색"을 칠하기 시작하자 지금까지 유지되어 왔던 기업계의 안정성이 흔들리게 되었다. 스위지는 이것을 "배런과 내가 독점자본의 본성이라고 생각했던 기업의 패러다임에 의문이 제기되기 시작했다"고 표현했다. 경제에 대한 지배권은 상당 부분이 기업의 이사회로부터 금융시장으로 옮겨갔다. 기업은 갈수록 상품묶음으로 취급되었고, 쉽게 거래가 될 수 있는 상품일수록 인기가 좋았다.[8)]

스위지는 『독점자본』이 갖고 있는 두 번째 결함은 독점자본의 작동법칙에 심대한 영향을 미치게 되는 1970년대와 1980년대의 금융폭발을 예측하지 못한 점이라고 하였다. 그는 다음과 같이 말했

다 : "우리는 몇 가지 점을 가볍게 생각했다. 관련된 시장(과 금융기법)의 종류와 변형 … , 시장활동의 폭발적인 확대, 금융부문 고용의 상대적이고도 절대적인 성장, 그리고 GNP에서 차지하는 비중, 이 모든 중요한 변화 이외에도 지난 20년 동안에 금융부문의 상대적인 규모는 엄청나게 커졌다."

금융이 팽창하자 GDP의 FIRE[금융(Finance), 보험(Insurance), 부동산(Real estate)] 부문이 잉여의 새로운 배출구로 떠올랐다(부동산, 사무장비 등의 새로운 투자). 그러나 금융으로 몰린 막대한 돈은 대부분 자본재에 투자되는 것이 아니라 증권, 부동산, 투기상품 시장에 동원되어 GDP의 성장에는 도움을 주지 않았고, 따라서 경제정체는 지속되었다.

세 번째로, 스위지는 『독점자본』이 투자의 방향이 전반적으로 변할 것임을 예견하지 못했다고 말하였다. 『먼슬리 리뷰』의 공동편집자인 해리 맥도프와 공동으로 작성한 「1983-1984년의 이상한 경기회복」이라는 논문을 바탕으로 스위지는 경기순환에서 회복기는 전통적으로 생산부문의 공장과 설비, 운수부문, 공공시설에 대한 투자가 확대되는 형태로 나타나는 과정을 보여주었다.[9] 그러나 이들 부문의 투자는 FIRE와 연관된 투자와 비교할 때 경기순환 주기의 회복단계에서도 별로 증가하는 기미를 보이지 않았다.

스위지는 자문했다 : "왜 『독점자본』은 지난 25년 동안에 일어난 체제의 구조와 기능의 변화를 예견하지 못했을까? 나는 그 해답이 기본적으로 지금까지 자본축적 과정의 개념화가 일방적이며 불완전했던 데에 있다고 생각한다" :

> 주류 경제학이든 마르크스 경제학이든 지금까지 확립된 전통은 자본 축적을 근본적으로 이미 있는 자본재의 축적을 늘리는 것으로 보았다. 그러나 이런 관점은 현실에 있어서는 그 과정의 한 단면만을 본 것이다. 축적은 금융자산을 늘리는 것이기도 하다. 이 두 과정은 물론 상호 연관되어 있지만 이러한 상호 연관성의 성격은 개략적으로 말하더라도 명확치 않다. 지금까지는 이 모호한 문제를 해결하는 방식은 방치하는 것이었다. 예컨대 주식이나 증권(대표적인 금융자산)을 매입하는 것은 실물 자본재를 간접적으로 매입하는 것이라는 식의 해석을 해왔다. 이런 해석이 진실이었던 적은 절대로 없으며 완전한 오류일 수 있다.
>
> 여기서는 자본축적 과정에 관한 만족할 만한 개념적 정의를 논할 장면은 아니다. 그것은 최선을 다한다 해도 극도로 복잡하고 어려운 문제이므로 나는 솔직하게 해법이 없다고 말하고 싶다. 그러나 내가 약간이나마 확신을 갖고 말할 수 있는 것은 오늘날의 독점자본주의 사회를 제대로 이해하려면 자본축적에 관해 보다 적절한 이해가 있어야 하며, 특히 축적의 실물부문과 금융부문에 대해 지금보다는 더 많은 이해를 가지지 않으면 안 된다는 점이다.

스위지가 자신의 저서를 재평가한 지 15년이 지난 지금에 와서 되돌아보면 우리는 그가 자신과 배런의 저서가 축적과 금융에 관한 이해에서 "명백한 괴리"가 있다고 자인한 것은 지나치게 엄격한 평가가 아닌가 하는 느낌이 든다. 『독점자본』은 금융의 역할에 대해 "조금도 알아차리지" 못하기는커녕, "판매확장의 노력"이라는 장의 마지막 부분에서 잉여흡수 출구로서의 금융부문의 역할을 다루는 독립된 절을 세워 금융은 "판매확대 노력과 대등한 위치를 차지한다"고 주장했다. 여기서 배런과 스위지는 국가 경제계정 가운데서 잉여가 FIRE로 전용되는 일의 "심대한 의미"를 강조했다. 이것은 증가하는 잉여를 바탕으로 끊임없이 "투기 및 사기와 속임수의 거대한 체계"를 강화시키는 일이며, 체제의 비합리성을 강화시켜 주는 일에 불과하다고 주장했다.[10)]

배런과 스위지가 『독점자본』을 집필하고 있을 무렵 이들과 가장 가까운 관점을 갖고 있었던 미국의 경제학자가 해리 맥도프였다. 맥도프는 배런과 스위지 저서의 바탕이 된 토론회의 멤버였고, 1969년에는 『먼슬리 리뷰』지에 합류하여 스위지와 함께 공동편집인이 된다. 『독점자본』이 거의 탈고단계에 있던 1965년에 맥도프는 『소셜리스트 리지스터』(*Socialist Register*)에 발표한 글을 통해 미국 경제의 신용/부채 증가의 문제점을 지적했다. 뿐만 아니라 맥도프는 1967년에 쓴 『독점자본』에 대한 서평에서 다음과 같이 말했다 : "배런-스위지 논제의 전개와 검증과정에서 특별히 의미 있는 부분은 다음과 같다 : 잉여의 확장과 수축과정에서 신용과 투기의 역할, 세계 중심 은행으로서의 미국, 국제통화로서의 달러, 무역수지의 적자, 미국 경제의 국제적 성격 사이의 상호관계."[11)] 그러므로 『독점자본』이 출간된 직후부터 맥도프와 스위지가 이 모든 이슈들, 그중에서도 특히 잉여의 흡수과정에서 신용과 투기의 역할이라는 핵심적인 문제를 화두로 삼은 것은 당연한 일이었다.

독점자본의 금융화는 지금은 명백해졌지만 1960년대에는 누구도 이를 감지하지 못했고, 주류 경제학이든 마르크스 경제학이든 기성 경제학설로는 오늘날까지도 불가해한 현상이었다. 1970년대와 1980년대에 현실세계에서 막대한 부채의 증가 신호가 처음으로 포착되었다. 이 때 맥도프와 스위지가 일어나고 있는 변화의 심대한 의미를 지적하는 글을 처음으로 『먼슬리 리뷰』에 실었다. 정체와 금융폭발이라는 이중 현실의 중요성을 간파한 사람은 이들 두 사람뿐이었다.[12)]

오늘날의 입장에서 볼 때 맥도프와 스위지가 이미 1960년대부터 자본주의의 작동에 중요한 변화가 일어나고 있다는 점을 파악한 것은 놀라운 일이다. 앞장에서 언급한 바를 되풀이하자면, 두 사람이 "1980년대 초와 중반에 관찰한 부채의 증가는 훗날 미국 경제에서 나타나게 되는 유례 없이 큰 부채증가의 초기 징조에 불과했다. … 1970년대에 [두 사람이 이런 현상을 처음으로 지적했을 때] 잔존부채의 규모는 미국 전체의 연간 경제활동(GDP)의 1.5배였다. 두 사람이 이 주제와 관련하여 점점 더 많은 관심을 갖게 된 1985년이 되자 그 규모는 GDP의 2배 가량이 되었다. 2005년에 이르러서는 미국 전체의 부채는 GDP의 3.5배에 가까워졌고, 전 세계 GDP 44조 달러와 별 차이가 없었다."[13)]

우리가 금융의 성장을 논할 때는 이른바 실물경제라고 하는 생산부문과 대비하여 보는 것이 상례이다. 그러나 『독점자본』은 경제학 이론의 상투적인 모호함을 벗어던지고 현실세계에서 일어나고 있는 잉여증가와 정체심화의 경향에 초점을 맞춤으로써 생산과 관련한 이론적 근거를 제시하였고, 그 결과 스위지와 맥도프는 금융폭발이 야기한 질적인 변화가 심대함을 (금융폭발의) 시작단계에서부터 밝혀낼 수 있었다.

『독점자본』이 제시한 이론은 아직도 매우 중요한 의미를 지니고 있지만 스위지 자신은 이 저서가 주류 경제학과 마르크스 경제학의 공통된 결함인 자본축적 과정에 대한 단면적인 인식을 벗어나지 못한 점이 있다는 불만을 드러냈다. 스위지는 1990년대에 들어와 자본축적을 기존에 축적된 자본재에 더하는 추가적인 축적이라고 보는 것은 지나치게 단순한 해석이라는 주장을 내놓았다. 자본축적은 부에 대한 금융적 권리를 쌓아가는 것으로 보아야 한다. 뿐만 아니라 금융적 권리는 전통적 경제학 이론에서 말하는 것처럼 부의 가상적 투영이므로 무가치한 것이라고 할 수 없다. 전통적 경제학은 경제의 "실물적인" 면과 금융적인 면을 구분해 왔는데, 이것은 화폐는 가격의 표시수단일 뿐 경제에 미치는 영향은 "중립적"이라는 인식의 부산물이다.[14] 자본주의 체제 하에서 생산과 금융은 하나이며 동일한 것이다.

독점자본은 19세기 말에서 20세기 초에 걸쳐 기업 유가증권 시장, 다시 말해 주식시장의 등장과 함께 대두했다. 전통적으로 주식과 회사채 그리고 기타 금융적 수단을 축적하는 것은 생산에 투자하기 위한 저축(또는 잉여)의 집합적 출연으로 인식되어 왔다. 그런데 증권거래소나 그 밖의 금융시장을 통과한 돈이 생산적인 경제에 대한 투자로 유입되는 경우는 극히 적은 부분에 지나지 않으므로 이런 평가는 사실과 동떨어진 것이다. 주식시장을 핵으로 하는 거대하고 복잡한 기업금융 관련 금융체계가 발전하게 된 것은 투자자들이 생산부문에 투자할 때 부에 대한 "문서상"의 권리를 획득함으로써 위험을 줄이려는 욕구 때문이었다. 문서상의 권리는 유동적이며 쉽게 양도할 수 있었고, 따라서 기업 내에 존속하는 "실물"자산과는 분리된 것이었다. 케인즈는 『일반이론』에서 "자신의 부를 사장시키든 돈으로 빌려주든 개인이 알아서 결정하도록 한다면 실재적인 자본재를 구매하지 않는 방식은 충분히 매력적일 수 없다. … 그래서 이러한 자산이 쉽게 현금화될 수 있는 시장이 조직된 것"이라고 하였다.[15)]

그러나 주식시장의 역할은 자본축적의 욕구와는 조화되기 어려운 모순을 낳았다. 이 점에 대해 맥도프와 스위지는 「생산과 금융」이라는 논문에서 다음과 같이 설명했다 : "기업 유가증권은 기업의 실물자산이 본질적으로 가질 수 없는 특징인 유동성—즉각적인 환금성—을 갖게 되었다. 이 단계에 이르자 금융적 수단과 시장이 확산될 수 있는 길이 열렸고, 이후의 사태발전으로 증명된 바이지만 금융시장의 확산은 문자 그대로 무제한적이었다."[16)] 자본주의 경제의 이러한 모순에 주목한 케인즈는 1931년에 "부의 실질적인 소유자(즉 기업의 소유자)는 상당한 정도로 실물자산이 아니라 화폐에 대한 권리를 주장하게 되었다. … 실물자산과 부의 소유자 사이에 화폐라고 하는 가림막이 개입한다는 것이 현대세계의 현저한 특징"이라고 지적했다.[17)] 이러한 축적의 이중구조는 투기의 증가를 조장하지 않을 수 없었고, 이후로 훨씬 복잡한 다층적·채무의존적 금융체계가 발전했다. 자주 인용되는 케인즈의 말이지만 이러한 상

황에서는 "기업은 투기의 소용돌이 위에 떠 있는 거품" 신세가 될 위험이 있다.[18)]

『독점자본』이 집필되고 있던 1950년대 말과 1960년대 초에는 산업자본의 지배력은 아직도 확고했으며, 거대기업의 수준에서 체제의 기반은 매우 안정되어 있다는 인식이 일반적이었다. 그러나 정체가 다시 등장하면서 시작된 변화는 모든 것을 바꾸어 놓았다. 황금빛 시대라는 1960년대를 뒤이은 납빛 시대는 끝없이 지속될 것 같았고, 완전한 회복은 불가능해 보였다. 스위지는 "독점자본의 승리"라는 장에서 다음과 같이 기술했다 : 이러한 상황에서는 "새로운 자극이 절대적으로 필요했고, 그것은 예측하지 못했던 형태로 나타나기는 했지만 전 세계 자본주의 체제의 내부에 확고히 자리잡은 경향의 지극히 논리적인 결과였다." 투자처를 찾아다니는 잉여가 생산적 경제부문에서는 수익성 있는 출구를 찾을 수 없게 되자 기업/자본가는 금융투기라는 수단으로 화폐자본을 증식시키는 방법을 모색하였고, 이러한 수요가 늘어나자 금융체계는 주식선물, 옵션, 파생상품, 헤지펀드 등의 새로운 "제품군"을 어지럽게 진열하였다. 그 결과가 1980년대에 이르기까지 팽창한 금융 상부구조이며, 이것은 이후로 독자적인 생명을 이어갔다.

생산부문에 대비한 금융의 독자성이라는 물론 상대적인 것이지 절대적인 것은 아니다. 투기를 통해 막대한 이윤을 올린 금융은 생산이라는 기반에 얽매이지 않는다는 자기 도취에 빠졌고, 그 결과 1990년대에는 중력의 법칙이 멈추었다는 착각을 바탕으로 한 "신경제"라는 개념이 한 시대를 풍미했다.[19)] 이러한 금융거품은 결국 터지지 않을 수 없었고, 그것이 바로 1987년과 2000년의 주식시장 붕괴였다. 하이만 민스키(Hyman Minsky)는 케인즈 이론을 바탕으로 하여 "금융불안정 가설"이라는 것을 제시했는데, 이 이론에 따르면 선진자본주의 경제는 축적과정이라는 기반이 없는 취약한 금융구조로 옮아갈 수밖에 없고, 따라서 금융위기는 필연적인 결과이다.[20] 이런 주장을 입증이라고 하듯 최근 월스트리트 저널이 금융투자자들과 분석가들을 대상으로 실시한 일련의 인터뷰 기사는 빈정대는 투의 도대체 무슨 일이 벌어지고 있는가라는 제목을 달았다.[21]

1987년의 주식시장 붕괴 이후의 지난 20년을 되돌아볼 때 가장 놀라운 것은 몇 차례의 중요한 금융위기가 있었음에도 불구하고 미국의 GDP에 대비한 부채의 비율은 장기적으로 증가했고, 금융위기 직후에는 잠시 멈추었다가 이내 수직으로 상승했다는 사실이다. (스탠다드 앤드 푸어 500지수에 따르면) 2000년 3월부터 2002년 10월 사이에 주식시장에서는 시가의 거의 50% 정도의 가치가 날아가 버렸는데도 2년 뒤에 이 손실의 절반을 회복했다.[22] 같은 기간 동안에 부채는 꿋꿋하게 증가했다. 주식시장 거품의 붕괴가 경제에 미친 충격은 주택시장의 투기가 일면서 생겨난 주택가격과 부채거품의 확장 덕분에 완화되었다(이 거품은 금리상승이라는 바늘에 찔려 터져버렸고, 그 결과 경제성장은 둔화되었다).[23] 의심할 여지가 없겠지만 다른 거품도 언젠가는 뒤따라 터질 것이다.

이상의 사태 전개과정으로부터 우리는 훨씬 더 큰 금융충격과 부채-디플레이션이 발생하여 더 오랫동안 영향을 미칠 것임을 쉽게 유추할 수 있다. 좀더 직설적으로 말하자면 심각한 정체가 발생하여 게임의 법칙을 바꾸어 놓을 것이다. 일본의 경우 1990년대 초에 시작된 금융위기가 이 나라가 10년 이상이나 헤어나지 못하고 있는 "장기침체"의 원인이었다.[24)]

많은 것들이 미국의 국내적 조건뿐만 아니라 세계 경제와 세계 금융체계와도 긴밀한 연관을 갖고 있다. 전 세계의 생산은 저성장, 설비과잉, 과거 어느 시기보다 심각한 양극화의 특징을 보이고 있으며, 최빈국들(특히 아프리카 국가들)은 비참한 생활환경에 빠져들고 있고 평균수명은 수직적으로 짧아지고 있다. 거대한 경상수지 적자는 미국을 세계 최대의 채무국으로 만들어 놓았다. 이것은 온 세계에 달러가 범람하고 있음을 의미한다. 중국 한 나라가 보유한 외환 가운데서 미국 달러가 1조 달러를 넘는다. 달러를 축으로 하는 취약한 세계 금융체제 하에서는 문자 그대로 천지를 뒤흔들 금융붕괴를 예상하는 것은 어려운 일이 아니다. 1997-1998년의 아시아 금융위기는 금융 전염병이 얼마나 빠른 속도로 확산될 수 있는지를 보여준 좋은 사례였다.

세계적 부채용해(溶解)와 부채-디플레이션은 현시점에서 볼 때 피할 수 없는 하나의 가능성이기도 하지만, 또 하나의 심각한 문제는 정체와 금융폭발의 이중 모순이 외부 충격이 체제에 미치지 못하도록 빗장 역할을 하면서 무한히 지속될 것이라는 점이다. 미국의 연방준비이사회와 주요 자본주의 국가의 중앙은행들은 금융붕괴의 신호가 잡히기만 하면 즉각 유동성을 투입하여 최후의 대출자 역할을 할 준비가 되어 있다. 중앙은행들이 흔들리는 금융구조를 당분간은 버티게 해줄 것임은 분명하다. 그렇다면 하나의 의문이 제기될 수 있다 : 지난 30년 동안 일어났던 금융폭발이 장기적으로 지속된다면 어떤 결과가 올까? 우리의 역사적 경험은 금융팽창이 잉여를 흡수하는 데는 도움이 되었지만 생산적 경제를 정체의 늪으로부터 의미 있는 정도로 끌어올리는 데는 실패했으며, 따라서 정체와 금융폭발이라는 두 실체는 공존한다는 것을 보여준다. 비즈니스 위크지는 사설에서 다음과 같이 표현한 바 있다 : "저성장과 오늘날의 광포한 투기잔치는 일종의 공생관계로 굳게 묶여 있다."[25] 돈을 만드는 일이 점차로 재화(와 서비스)를 만드는 일을 대체하고 있고 후자의 몫은 줄어들고 있다.

실제로 이제는 일정한 GDP 성장을 자극하기 위해서는 갈수록 더 많은 부채를 주입할 필요가 있는 것 같다. "부채창출과 경제성장 사이에는 분명한 상관관계가 있는 것은 아니지만, 1970년대에는 부채가 1달러 증가할 때 GDP는 60센트 성장했으나 2000년대 초가 되자 새로운 부채가 1달러 증가할 때 GDP 성장은 20센트로 떨어졌다."

금융 취약성이 증대되는 상황에서 투기에 알맞게 조직된 체계는 끊임없는 현금유입을 필요로 하고, 그 현금의 대부분은 노동하는 대중으로부터 착취를 엄청나게 증가시킨 결과물이다. 독점-금융자본이 만들어낸 경제적 모순 덕분에 대부분의 미국 노동자들은 맞물려 돌아가는 톱니바퀴 사이에 끼인 것과 같은 상황에서 살아가고 있다. 대부분의 노동자들은 한 세대 동안 또는 그보다 더 긴 기간 동안 실질임금의 정체를 경험하고 있고, 가처분소득 가운데서 차지하는 가계지출의 비중은 줄어들고 있으며, 실업/불완전고용

상태는 확대되고 있고, 노동참여율은 떨어지고 있으며(일자리 창출이 보잘 것 없고 그에 따라 노동의욕도 떨어진 까닭이다), 의료보험 혜택·연금·정부가 시민에게 제공하는 서비스(교육을 포함하여)는 모두 떨어지고 있고, 노동자들 몫의 세 부담은 늘어나고 있다. 이 모든 것을 볼 때 독점-금융자본 하에서 "빈곤의 축적"은 "부의 축적에 대응되는 필요조건"인 것 같다.[26)]

그러나 우리가 여기서 경각심을 가져야 할 부분은 독점-금융자본의 새로운 국면과 제국주의의 특별한 관계이다. 지난 10년 동안 노골적인 제국주의가 등장했다. 미국은 이라크와 아프가니스탄에서 전쟁을 벌이고 있고, 미국의 군사기지는 전 세계로 확대되었으며, 미국의 군비지출은 엄청나게 증가했다. 워싱턴이 벌이는 침략정책의 목적은 우선은 세계 경제에 대한 미국의 헤게모니를 회복하는 것이다. 그러나 이러한 제국주의적 팽창의 이면에는 제국 미국의 경제적 정체에 대한 깊은 우려가 자리 잡고 있으며, 전 세계 석유공급과 기타 전략적 자원을 장악하고 전 세계의 금융지배권과 금융체계의 안정(달러 헤게모니를 포함하여)을 확보하려는 야심이 숨겨져 있다.

뿐만 아니라 새롭고 노골적인 제국주의는 1970년대와 1980년대의 정체에 대응하기 위해 등장한 신자유주의 세계화 노선의 확장에 불과하며, 그것은 특히 1980년대 초기 제3세계의 채무위기라는 형태로 나타났다. 독점-금융자본은 주변부로부터 이전보다 더 많은 잉여를 추출하기 위해 가난한 나라들의 경제·사회생활에 더욱 깊이 개입할 수밖에 없다는 것은 의심의 여지가 없다. 제3세계

국가들은 세계체제의 중심부에 위치한 외국 투자자들과 채권자들에게 순지불이라는 형태로 오랜 기간 동안 막대한 잉여의 순유출을 경험하고 있다. 이러한 유출은 저개발국가의 경상수지에 부정적인 영향을 미쳐 무역수지와 관계 없이 적자에 빠지게 만든다.[27] 전 세계적 독점-금융자본의 특징인 신자유주의 경제 구조조정은 주변부 경제가 자국 내에서 그나마 갖고 있던 국제자본에 대한 통제권과 자국민에 대한 지원책들을 무산시킴으로써 모든 상황을 더욱 악화시킨다. 이러한 신자유주의 구조조정의 선봉에 선 삼총사가 국제통화기금(IMF) · 세계은행(World Bank) · 국제무역기구(WTO)이며, 중심부 국가의 정부와 기업들이 이들과 협력하고 있다. 역사가 우리에게 무언가를 가르쳐 줄 수 있다면 그것은 체제 중심부의 제국주의 세력이 지금 주변부 도처에서 일고 있는 저항의 물결을 잠재우기 위해 개입할 것이며, 개입의 선봉에 미국이 서 있을 것이라는 점이다.

『독점자본』이 출간된 지 10년 후에 이 책에서 묘사된 자본주의의 모순은 더욱 파괴적인 형태로 진화했다. 독점-금융자본 단계를 적절하게 설명해 줄 수 있는 기존의 경제학 이론은 없다. 그러나 배런과 스위지가 이 책에서 제시한 "비이성적 체제"에 대한 해법은 지금도 갈수록 설득력을 더해가고 있다(저자들은 이 저서를 체 게바라에게 헌정했다) : "우리 미국에게 필요한 것은 역사적 전망과 진실을 직시할 수 있는 용기와 인류와 인류의 미래에 대한 믿음이다. 이것이 있다면 우리는 … 세계 도처에서 수많은 인간을 억압하고 모욕하며 불구로 만들고 약탈하며 죽음으로 내모는 사악하고 파괴적인 체제와 맞서 싸우기 위해 헌신해야 하는 우리의 도덕적 책무를 인식할 수 있을 것이다."

CHAPTER 04

자본주의의 금융화

2007년 4월

지난 30년 동안의 자본주의의 변모는 신자유주의, 세계화, 금융화라는 세 단어로 집약할 수 있을 것이다. 신자유주의와 세계화에 관해서 언급한 글들은 많으나 금융화는 상대적으로 주목을 받지 못했다.[1] 자본주의의 금융화—경제활동의 무게중심이 생산(과 심지어 성장하고 있는 서비스 부문)으로부터 금융으로 이동—는 그러므로 우리 시대의 주요 화두이다. 다른 어떤 변화보다도 금융화야말로 핵심적인 질문을 던진다 : 자본주의는 새로운 단계에 진입했는가?

이 질문에 대한 우리의 답변은 이렇다 : 금융화의 결과로 체제가 변하기는 했지만 생산부문 내부에서의 축적이라는 기본문제는 아직도 변함이 없으므로 이러한 변화가 자본주의의 완전히 새로운 단계를 의미한다고 하기에는 미흡하다. 무엇보다도 금융화는 독점자본주의 단계의 새로운 변종으로서 "독점-금융자본"이라고 이름 붙일 수 있을 것이다.[2] 자본주의는 근본적인 방향에서 진화하지 못하고 오히려 정체와 금융폭발이 끊임없이 순환하는 늪에 빠졌다. 독점-금융자본이라는 새로운 경제적 관계의 중심은 여전히 지배적인 자본주의 경제인 미국이며, 점차로 세계체제를 잠식해 들어갔다.

금융화란 용어는 1990년대 초부터 점차로 보편화되었는데 그 출처가 어딘지는 분명하지 않다.[3] 자본주의의 전반적인 무게중심이 금융으로 이동한 것이 핵심논제로 등장한 것은 대략 1960년대 말부터이다. 좌파 진영(또는 어느 진영이건)에서 이 문제를 최초로 체계적으로 고찰한 인물은 『먼슬리 리뷰』를 통해 연구결과를 발표한 해리 맥도프와 폴 스위지였다.[4]

금융화의 주요한 분석가이자 매사추세츠(앰허스트)대학에서 경제학을 가르치는 로버트 폴린(Robert Pollin)은 이렇게 말했다 : 맥도프와 스위지가 "1960년대 말부터 시작하여 1970년대와 1980년대를 거치면서 지금은 고조기에 와 있는 자본주의의 새로운 단계, 즉 자본주의의 작동에서 증대되는 금융의 역할에 관해 논증하였다. 이와 같은 현상을 '금융화'라고 불렀는데, 내 생각에는 맥도프와 스위지가 좌파 학계에서는 처음으로 이것에 주목하고 연구한 사람이라고 해야 맞을 것 같다. 두 사람은 특유의 설득력과 기본을 중시하는 자세, 학자적 재능을 바탕으로 이 현상에 대해 마르크스주의적 관점에서 폭넓은 의미를 밝혀냈다.” 폴린은 훗날 다른 기회에 이렇게 말했다 : “맥도프와 스위지는 이러한 흐름을 읽어낸 진정한 선구자였다. … 두 사람의 중요한 업적은 [『먼슬리 리뷰』에 30년 동안이나 발표한] 논문들을 통해 명료하면서도 감탄스러울 만큼 치밀한 실험적 데이터를 동원하여 금융화 현상의 등장을 추적했다는 것이다. … 맥도프와 스위지의 앞선 연구가 없었더라면 좌파 학계에서 이런 흐름을 인식할 수 있었을지 모르겠다.”[5)]

정체에서 금융화로

자본주의의 금융화를 분석하면서 맥도프와 스위지는 통계적 흐름의 단순한 기록자로 머물지 않았다. 두 사람은 자본주의 발전 사란 확대경을 통해 이 흐름을 분석했다. 1977년에 스위지는 그들의 관점과 연구결과를 가장 간명하게 정리한 논문이라고 할 수 있는 「세계화에 관한 약간의 고찰」이라는 논문에서 “1974-1975년의 불황 이후 자본주의의 최근 역사에서 드러난 세 가지 가장 중요한 밑바탕의 흐름은 (1) 전반적인 성장률의 둔화, (2) 독(과)점적인 다국적 기업의 세계적인 확산, (3) 금융화라고 부를 수 있는 자본주의 축적과정”이라고 정리하였다.

스위지는 이 세 가지 흐름이 “서로 복잡하게 얽혀 있다”고 보았다. 독점은 주요 기업의 이윤을 확대시켜 주지만 한편으로는 “시장지배력이 강화될수록 추가적인 투자수요를” 감소시킨다. 이 논리를 다른 말로 표현하자면 "더 많은 이윤을 얻을수록 수익성 있는 투자기회는 줄어든다. 이것은 자본축적이 줄어들면 자본축적으로부터 동력을 얻는 경제성장도 둔화된다는 이치와 같다."

자본이 그 경제적 잉여를 활용할 수 있는 다른 길을 찾아나선 결과인 "실질투자의 둔화와 금융화의 급성장이라는 이중과정"은 "제2차 세계대전 이후의 '황금 시대'"가 사라지자 처음으로 나타나기 시작하여 "현재까지도 강도를 더해가며 줄기차게 지속되고 있다"는 것이 스위지의 분석이었다.[6)]

이와 같은 주장은 배런과 스위지의 공저 『독점자본』(1966년 출간)이 제시한 논리적 틀을 근거로 한 것이었다. 『독점자본』은 미칼 칼레츠키와 조셉 스타인들 같은 경제학자들에게서 영감을 받은 것이며, 더 거슬러 올라가자면 칼 마르크스와 로자 룩셈부르크에게도 뿌리가 닿는다.[7)] 배런과 스위지는 독점자본 경제는 효율성이 엄청나게 뛰어난 체제로서 얼마 안 되는 독(과)점기업들에게 막대한 잉여를 안겨주는 체제이며, 이들 소수가 바로 체제의 주인이자 최대의 수혜자라고 주장했다. 자본가로서 그들은 당연히 이렇게 획득한 잉여를 더 큰 축적을 실현할 수 있는 곳에 투자하려 한다. 그러나 그들에게 막대한 잉여를 안겨준 동일한 조건이 한편으로는 수익성 있는 투자를 제한하는 장벽이 된다. 독(과)점기업은 현재 수준의 상품을 독(과)점적 이윤을 지속시킬 수 있는 수준의 가격으로 소비자들에게 판매할 수 있을 뿐이다. 소비성장이 위축되면 독(과)점기업은 과잉생산과 이윤을 위협하는 가격인하를 피하기 위해 생산설비의 활용을 줄이게 된다. 그 결과 나타나는 설비과잉 현상은 새로운 설비에 투자할 여지가 별로 없다는 경고 신호이다.

자본의 소유주는 막대한 가처분 잉여를 갖고 있으면서 투자기회를 찾지 못하는 딜레마에 빠지게 된다. 이들이 1970년대부터 주로 의존한 해법은 화폐자본을 유지하고 확대하기 위한 수단으로서 금융상품에 대한 수요를 늘리는 것이었다. 이런 과정의 공급측면에서는 금융기관들이 앞장서서 선물, 옵션, 파생상품, 헤지펀드 같은 다양한 금융기법을 제시해 주었다. 그 결과 나타난 것이 현재까지 수십 년 동안 위세를 떨치고 있는 금융투기의 수직상승이다.

정통 경제학자 가운데서 금융의 이러한 불균형 성장에 대해 일찍부터 관심을 기울인 사람은 소수에 불과했다. 제임스 토빈(James Tobin : 케네디 대통령의 경제고문이었고 1981년도 노벨경제학상 수상자)은 1984년에 행한 "금융제도의 효율성에 대하여"란 제목의 강연에서 "미국 금융제도의 카지노적인 측면"을 지적했다. 토빈은 청중들에게 다음과 같이 말했다 :

> 우리가 갈수록 많은 자원을 … 재화와 서비스의 생산과는 거리가 먼 금융활동과 … 사회적 생산성과는 걸맞지 않게 높은 사적 보상을 해주는 활동에 낭비하고 있는 것은 아닌지 … 나는 불편하지만 의심스러운 인상을 고백합니다. 나는 컴퓨터의 거대한 능력이 동일한 유형의 거래를 보다 경제적으로 할 수 있도록 도와주는 것이 아니라, 금융거래의 양과 다양성을 부풀리는 데 사용되고 있다고 생각합니다. 바로 이런 이유 때문에 첨단기술이 지금까지 경제 전반의 생산성에 실망스러운 결과를 가져왔습니다. 케인즈도 자신의 시대에 이미 목격

> 했듯이 금융상품이 갖고 있는 유동성이나 양도 가능성이라는 장점이 편협하고 비효율적인 투기를 크게 부추기지 않았나 염려스럽습니다. … 금융상품을 일회적으로 보유하는 것을 억지하고 장기투자자에게 더 큰 보상을 해주어야 한다는 케인즈의 제안이 옳지 않았나 생각합니다.[8]

토빈이 말한 요지는 자본주의가 잉여자본을 실물경제에 장기적으로 투자하는 것이 아니라, 카지노 같은 투기에 투입하는 비중을 늘려감으로써 비효율적으로 변하고 있다는 것이었다.[9] 1970년대에 그는 훗날 "토빈세"라고 불리게 되는, 국제 외환거래에 세금을 부과하자는 제안을 내놓았다.

토빈은 금융의 급속한 성장이 실물경제에 좋지 못한 영향을 준다고 주장한 반면, 맥도프와 스위지는 금융화란 자본주의의 속성상 필연적일 수밖에 없는 정체로 나아가는 과정의 한 기능적인 단계라고 주장했다. 1985년에 발표한 「금융폭발」이라는 논문을 통해 맥도프와 스위지는 다음과 같이 주장했다 :

> 카지노 사회는 사실상 너무 많은 재능과 에너지가 금융 야바위 놀음에 몰리게 하고 있지 않은가? 물론 그렇다. 지각 있는 사람이라면 이를 부정할 수 없다. 그렇다면 이 때문에 실물재화와 서비스의 생산이 희생되고 있지 않은가? 절대로 그렇지 않다. 만약 금융구조를 수축시키면 지금 그곳에 동원되어 있는 재능과 에너지가 생산적인 부문으로 옮겨갈 것이라고 예상할 수 있는 어떤 근거도 없다. 그들은 그

냥 실업자가 되어 이미 거대해져 있는 사장된 인적·물적 자원의 저수지로 흘러들 따름이다. 카지노 사회는 경제성장을 지체시키는 중요한 원인이 아닌가? 이 역시 절대로 그렇지 않다. 최근의 경제성장이라는 것은 유례 없는 평화시 군비확충을 제외하면 나머지 원인의 거의 대부분은 금융폭발이었다.[10]

이러한 관점에서 볼 때 자본주의는 정체와 금융화가 복합적으로 뒤엉켜 있는 변화를 겪고 있었다. 그로부터 약 10년이 지나 스위지는 「금융자본의 승리」라는 논문에서 다음과 같이 주장했다:

나는 이러한 금융 상부구조가 지난 20년 동안의 산물이라고 지적한 바 있다. 이것은 이러한 금융 상부구조가 1970년대에 정체의 복귀와 대체적으로 같은 시기에 등장했음을 의미한다. 그러나 과거의 경험에 비추어 보면 이러한 금융 상부구조는 쉽게 사라지지 않을까? 전통적으로 금융팽창은 실물경제의 번영과 함께 나타났다. 이제는 그렇지 않을 가능성이 매우 높으며, 20세기 말에는 오히려 그 반대가 될 가능성이 높다. 달리 말하자면, 금융팽창은 이제 건강한 실물경제를 자양분으로 하여 살아가는 것이 아니라 정체된 경제를 바탕으로 성장하는 것이 아닐까?
이 질문에 대한 나의 대답은 그럴 수 있다는 것이고 또 실제로 그렇게 되어왔다. 나는 여기에 금융과 실물경제의 전도된 관계가 세계[경제]의 새로운 흐름을 이해할 수 있는 열쇠라고 확신한다는 말을 덧붙이고 싶다.

되돌아보면 이러한 "전도된 관계"는 자본주의의 시발점에서부터 내재한 본질적 가능성이었다. 그러나 그와 같은 관계는 자본주의 체제가 일정한 발전단계에 이르렀을 때에 실체화될 수 있는 것이었다. 마르크스와 케인즈가 다 같이 강조한 바이지만, 추상적인 가능성으로서 그것은 자본축적 과정의 이중성—실물자산의 소유권과 동시에 그런 실물자산에 대한 문서상의 권리주장에 개입함—속에 내재해 있었다. 실물축적과 금융투기 사이의 모순은 체제의 시발점에서부터 본질이었다.

정통 경제학자들은 오래 전부터 생산적인 투자와 금융상의 투자는 다를 것이 없다고 인식해 왔지만 이것이 참이 아님은 이미 밝혀졌다. 정통 경제학자들은 저축자가 실물자산에 대한 금융적 권리를 기업(가)으로부터 사들이면 기업(가)은 이렇게 해서 들어온 돈을 생산을 확장하는 데 사용한다는 단순한 가정 위에서 논리를 전개해 왔다. 생산적 투자와 금융자산의 축적 사이에는 반드시 직접적인 연관이 있는 것은 아니다. 이 두 가지는 상당한 정도로 분리되어 있다고 할 수 있다.[11] 그런데 이 모순은 성숙된 금융제도가 없다면 자본주의의 역사에서 여기저기 나타났던, 통상적으로 활황기의 끝을 알리는 신호인 투기거품 이상의 것이 되지는 못했을 것이다. 그런 사건은 심각한 혼란인 것은 분명하지만 체제 전체의 기능이나 구조에는 큰 영향을 미치지 못했다.

금융이 무대 중앙을 차지하기 전, 그리고 생산과 금융의 모순이 성숙되기 전에는 19세기 말과 20세기 초의 독점자본이 있었다. 새로운 독점자본 시대의 초기 수십 년 동안에 철도건설 붐을 타고 생겨난 투자은행이 금융권력의 중앙에 등장하여 거대한 규모의 기업합병을 주도함으로써 거대 독점기업이 지배하는 경제의 성장을 촉진하는 역할을 맡았다. 이 때는 J. P. 모건(J. P. Morgan)의 시대였다. 이 시기에 미국에서는 토르스타인 베블렌(Thorstein Veblen)이, 오스트리아에서는 루돌프 힐퍼딩(Rudolf Hilferding)이 각기 독점자본에 관한 이론을 발전시키면서 특히 금융자본의 역할을 강조했다.

여하튼 대공황 시대가 불어닥치자 독점자본 경제의 금융 상부구조는 1929년의 주식시장 붕괴를 기점으로 하여 무너졌다. 대공황 시기 동안 금융자본은 형편 없이 위축되어 실물경제의 회복에 아무런 역할을 하지 못했다. 미국 경제가 대공황으로부터 빠져나올 수 있었던 것은 제2차 세계대전 동안 정부가 주도한 거대한 군비지출 확대 덕분이었다.[12)]

1960년대 초 배런과 스위지는 『독점자본』에서 황금 시대라는 1960년대의 경제가 부양할 수 있었던 것은 정부(민수 및 군수지출), 기업의 판매확대 노력, 두 번째의 거대한 자동차화 물결과 그 밖의 요인들이 잉여를 흡수하고 체제를 정체로부터 끌어올려 주었기 때문이라고 강조했다. 또한 두 사람은 막대한 잉여가 FIRE(금융, 투자, 부동산) 부문에 유입되었지만 이 분야는 당시에는 비교적 주목받지 못했다고 지적했다.

그러나 1970년대에 경제적 정체가 시작되면서 스위지는 이번에는 맥도프와 함께 금융의 성장에 주목했다. 그들은 1975년에 발표한 「은행 : 얇은 얼음판 위에서 스케이트 타기」라는 논문을 통해 "자본주의 체제와 그 이윤을 보호하기 위해 필요했던 것은, 또한 최소한 일시적으로나마 모순을 회피하고 미국의 제국주의 확장 전쟁을 지원하기 위해 필요했던 것은 다름 아닌 과다한 부채의 확대와 은행활동의 확장"이라고 주장했다.[13)]

독점-금융자본

[스위지는 1995년에 발표한 논문에서] 1970년대에는 "금융이 온건한 보조자로서 역할을 하는 생산체계로 구성된 구식 경제구조"가 아직도 남아 있었다고 한다면, 1980년대 말이 되자 "이런 경제는 거대하게 팽창한 금융부문이 고도의 독자성을 갖고 생산체계의 상부에 군림하는 새로운 구조에 자리를 내주게 되었다"고 보았다.[14)] 정체와 거대한 금융투기가 둘 다 굳건히 뿌리를 내리고 공생관계를 형성함으로써 회복 불가능한 경제적 난국으로 자리 잡았다.

이 공생관계는 세 가지 중요한 내용을 담고 있었다 : (1) 기반경제의 정체로 자본주의는 화폐자본의 보존과 확대를 위해 갈수록 금융의 성장에 의존하게 되었다. (2) 자본주의 경제의 금융 상부구조는 하부 생산경제의 기반과는 완전히 독립적으로 팽창할 수는 없었다. 따라서 반복적인 투기거품의 붕괴가 큰 문제로 대두했다.[15)] (3) 아무리 팽창하더라도 금융화는 생산부문 내부의 정체를 극복할 수 없었다.

금융화의 피할 수 없는 결과로 자본주의 국가의 역할이 변모했다. 국가는 최후의 대출자가 되어 돌발적인 유동성 위기를 해소하는 책임을 져야 했고, 이런 역할은 체제의 확고한 구조로 자리 잡았다. 1987년에 주식시장이 붕괴하자 연방준비은행은 금융시장을 향하여 노골적으로 "대마불사" 정책을 폈는데, 2000년에는 이런 정책이 먹혀들어 가지 않아 주식시장은 수직으로 하락했다.[16)]

우리가 독점-금융자본이라고 부르는, 금융화가 항구적인 구조적 필요가 되어버린 정체경향의 경제에서 나타나는 특징이 이런 것들이다.

계급과 제국주의

앞에서 금융화의 뿌리를 명확하게 알게 되었다면 이제 그것이 계급과 제국주의와 어떤 연관이 있는지 알아볼 필요가 있다. 한정된 지면 때문에 다음 여덟 가지만 간략하게 살펴보고자 한다.

(1) 금융화는 특정한 금융거품 사건을 넘어서 현재진행형인 과정으로 볼 수 있다. 1987년의 주식시장 붕괴와 함께 시작된 최근의 금융혼란을 되돌아보면 금융화 추세를 억지하거나 완화하려는 노력이 아무런 효과가 없음을 알 수 있다. 2000년 3월과 2002년 10월 사이에 (스탠다드 앤드 푸어 500 지수 기준으로) 전체 주식 시가의 절반이 월스트리트로부터 사라졌는데 단지 2년 반 만에 이 손실의 절반이 회복되었다. 반면에 1985년 미국 전체의 부채는 GDP의 약 2배였는데 20년 후 미국 전체의 부채는 GDP의 3.5배에 가깝고 전

세계 GDP와 맞먹는 44조 달러였다. 하루 평균 외환거래 규모는 1989년의 5,700억 달러에서 2006년에는 2조 7천억 달러로 증가했다. 2001년 이후로 전 세계의 신용파생상품(신용위험 이전상품) 시장은 매년 100% 이상 증가했다. 새천년이 시작할 무렵에는 상대적으로 주목받지 못했던 전 세계 신용파생상품 거래의 액면가격은 2006년 전반이 되자 26조 달러로 팽창했다.[17)]

(2) 독점-금융자본은 20세기 초에 힐퍼딩이 표현했던, 특히 투자은행업을 지배하는 데서 출발한 "금융자본"과는 질적으로 다른 현상이다. 연구결과 최근 20-30년 동안 미국의 금융기업의 이윤은 비금융기업과 비교하여 상대적으로 성장했음이 밝혀졌지만, 비금융기업도 자본과 금융시장에 깊이 개입하고 있으므로 두 가지를 구분하기란 쉽지 않다.[18)] 생산이 아닌 금융과 관련된 부가 거대하게 증가하고 있고, 금융은 갈수록 비금융기업의 현금흐름을 관리하는 규범과 척도로 자리 잡고 있다. 금융기업과 비금융기업의 유착 때문에 자본 자체의 성격구분이 어렵다.

(3) 풍부한 금융자산을 소유하지 않으면 자본가계급에 들어갈 수가 없다. 금융자산과 수입에 있어서 상위계층과 하위계층의 격차는 이제 천문학적인 수준에 이르렀다. 2001년 현재 미국의 상위 1%가 소유하고 있는 금융 관련 부(소유주 자신이 거주하는 주택의 순가는 제외)는 하위 80%가 소유한 것의 4배가 넘는다. 미국에서 가장 부유한 1%가 주식으로 1조 9천억 달러를 소유하고 있는데, 이 액수는 나머지 99%가 소유한 것과 거의 맞먹는다.[19)] 미국의 소득격차가 얼마나 크게 벌어졌는지 알 수 있는 사례는 2007년 2월 6일

에 연방준비이사회 의장 벤 버냉키(Ben S. Bernanke)가 한 연설을 보면 잘 알 수 있다. 그는 "경제적 복지의 수준과 분배"라는 제목의 연설에서 "실질임금에서 드러나는 장기적인 불균형"을 강조했다. 버냉키의 연설을 인용하자면 "소득분배에서 상위 1%에 속하는 가구가 보유하고 있는 세후 소득은 1979년의 8%에서 2004년의 14%로 늘어났다." 2006년 9월 현재로 미국에서 가장 부유한 60명이 6,300억 달러 정도의 부를 소유하고 있는데, 이것은 전년보다 거의 10%가 증가한 것이다.[20]

최근의 역사는 불평등의 급속한 확대가 체세의 독점-금융자본 단계에서 고유한 내부구조로 자리 잡았음을 보여준다. 투기거품이 꺼지지 않으려면 계속 팽창해야 하고, 그래서 금융 상부구조는 끊임없이 새로운 현금유입을 필요로 한다. 이런 상황에서는 착취는 가중되고, 소득과 부의 분배는 한층 더 불평등해질 수밖에 없으며, 결국 정체는 전반적으로 심화된다.

(4) 정체-금융화 역학이 집중적으로 표출된 국면이 주택투기였다. 주택 소유자들은 실질임금의 상승이 없었음에도 불구하고 증가한 주택 순가를 바탕으로 차입할 수 있었기 때문에 상당한 정도로 생활수준을 유지할 수 있었다. 폴린이 말한 것처럼 "미국 가구들이 임금이 정체되거나 떨어지기 시작한 상황에서 [주택의 순가 증가로부터] 조달된 부채에 대한 의존도를 높여 생활수준을 유지하는 수단으로 삼고 있는 현상을 누구보다도 먼저 파악한" 사람은 맥도프와 스위지였다.[21] 마지막 경기후퇴기 때부터 유지된 저금리가 주택투기를 부추겼고, 이는 곧 주택경기의 거품을 가속화시켰다.

주택거품이 걷힌 것이 현재 미국 경제 불안정의 주원인이 되었다. 소비자 이자지급율은 계속 상승해 온 반면에 이자부담을 감당할 수 있게 해주었던 주택가격의 상승은 이제 사라졌다. 2006년 4/4분기에 미국의 149개 대도시 가운데서 절반이 넘는 지역에서 개인주택의 가격이 떨어졌다.[22] 주택거품은 정체 대응책으로서, 금융화의 바탕으로서 중심적인 역할을 해왔고, 그리고 미국 가구의 기초 복지와 밀접하게 연관되어 있기 때문에 현재의 주택시장 악화는 급속한 경기하강과 광범위한 금융혼란을 야기할 수 있을 것이다. 앞으로 금리가 오른다면 정체의 악순환이 발생하거나 더 나아가 주택가격의 하락과 함께 부채상환 불능사태가 벌어질 것이다. 미국 국내소비가 세계 경제 수요의 핵심이라는 사실을 감안하면 이런 상황이 세계적 위기를 불러올 가능성이 높다.

(5) 최근 좌파 학계에서는 금융세계화가 세계 경제를 철저하게 변화시켰기 때문에 앞으로 국가의 역할이 의미를 잃게 될 것이라는 주장이 나오고 있다. 이냐시오 라모네트(Ignacio Ramonet)는 「시장의 무장해제」라는 논문에서 다음과 같이 말했다 :

> 금융세계화는 그 자체로 하나의 법칙이 되어 자체의 행정기구와 자체의 영향권 및 자체의 행동수단을 갖춘 별도의 초국가적 국가가 되었다. 직설적으로 말하자면 국제통화기금(IMF), 세계은행(World Bank), 경제협력개발기구(OECD), 국제무역기구(WTO) … 이런 인위적인 세계국가는 사회 속에 기반을 갖지 않은 권력이다. 이런 기구들은 주인인 금융시장과 거대기업에게만 책임을 진다. 그 결과 현실 속

의 국가와 현실 속의 세계는 권력기반을 갖지 못한 사회가 되었다. 이런 추세는 점차로 더 강화되고 있다.[23)]

이와 같은 관점은 현실적 근거가 빈약하다. 세계 경제의 금융화는 부인할 수 없는 현실이지만 코민테른과 비견할 수 있는 새로운 자본주의 인터내셔널이 등장했다고 보는 것은 지나친 논리적 비약이다. 전 세계적 독점-금융자본은 아직 불안정하고 분열된 체제이다. IMF, 월드뱅크, WTO(GATT의 후신)—OECD까지 포함시킨다 하더라도—는 별도의 초국가적 국가가 아니라, 제2차 세계대전이 끝난 후 국제적 자본이동의 이익을 관리하기 위해 미국의 주도하에 성립된 브레튼우즈 체제 안에서 탄생했다. 이 기구들은 아직도 주요 제국주의 국가들과 그들의 경제적 이익의 지배를 받고 있다. 이 기구들의 규칙은 비대칭적으로 적용된다. 미국 자본의 이익이 관련될 때는 최소한의 규칙이 적용되고, 전 세계의 빈곤한 인민에 대한 착취를 강화할 때는 최대한의 규칙이 적용된다.

(6) 케인즈주의가 고전적 독점자본의 초기 단계의 이념적 짝이었듯이 이른바 "신자유주의"란 것은 독점-금융자본의 이념적 짝이다. 오늘날 국제 금융시장은 개별 국가의 금리와 자본흐름을 통제하는 국가의 권능을 심하게 제약하고 있다. 대처 수상과 레이건 대통령 시대에 시작된 패권경제의 이데올로기인 신자유주의의 성장은 그러므로 금융세계화와 관련된 자본의 필수이익을 상당부분 반영하고 있다.

(7) 세계 경제의 금융화는 신자유주의 세계화란 전략에 따라

저개발 경제에 침투하여 금융에 대한 의존도를 높인 결과이다. 그 구체적인 사례가 브라질이다. 지난 20년간 세계화 독점-금융자본이 지배한 브라질 경제의 최우선 순위는 외국자본의 투자를 유치하고 IMF를 포함한 국제자본에게 부채를 갚는 것이었다. 그 결과가 금융적 기준에서 볼 때 "경제적 펀드멘탈"이 개선되었다고 하지만 그 반면에는 고금리, 탈생산화, 저성장, 변덕스러운 세계 금융시장의 흐름에 쉽게 휘둘리는 금융체계 등이 자리 잡고 있다.[24)]

(8) 자본주의의 금융화는 더욱 통제하기 어려운 체제를 낳았다. 오늘날 세계 금융체계의 안정을 책임지고 있는 사람들 사이에서 불안한 분위기가 감지되고 있음은 숨길 수가 없다. 1997-1998년 아시아 금융위기, 2000년 "신경제거품"의 붕괴, 2001년 아르헨티나의 대외채무 상환불능 사태가 발생한 후 2000년대 초기에 IMF는 계간으로 『세계 금융안정성 보고서』를 발간하기 시작했다. 매번 발행되는 이 보고서 어디에서도 체제의 취약성과 불안정성에 대한 명백한 징후를 읽어내는 것은 애초부터 무리한 기대이다. 일단 팽창을 멈추면 터질 수밖에 없는 투기거품은 터지기 전까지는 불안정한 징후를 보이지 않는 법이다. 금융구조가 더욱 취약해질수록 위기는 더욱 증가하고 금융체계 내부로 더 많은 현금이 유입되어야 할 필요성은 더욱 절박해지는 것이다. 『세계 금융안정성 보고서』는 매호마다 금융시장을 위협한다고 간주되는 "위기예방" 사례에 관한 언급으로 채워져 있다.

『세계 금융안정성 보고서』 2006년 9월호에서 IMF 집행위원회 이사들은 헤지펀드와 신용파생상품의 급속한 성장은 금융안정성을 침식하는 충격을 줄 수 있으며, 미국 경제의 하강과 주택건설 시장의 냉각은 "예상 밖의 충격이 가해지면 증폭될 수 있는 보다 큰 금융혼란"으로 이어질 수 있다는 우려를 표명했다.[25] 이 현란하고도 모호한 문장의 요지는 금융화는 통제할 수 있는 수준을 넘었고, 예상 밖의 심각한 충격이 자본주의 체제에 가해질 수 있으며, 그 충격은 자본주의 체제 전체에 퍼져나갈 것이라는 뜻이다. 역사학자 가브리엘 콜코(Gabriel Kolko)의 말을 빌리자면 "세계 금융체계를 가장 잘 아는 사람들이 갈수록 우려하고 있고, 그 우려는 상당한 이유가 있다. 가장 '믿을 만한' 소식통들이 암울한 경고를 내놓고 있다. 현실은 우리의 손을 벗어났다. 욕망이라는 악마가 멋대로 날뛰고 있다."[26]

2부
결과

금융의 폭발과 실물경제의 정체는 자본주의 발전과정의 필연적 과정이며, 체제 내에서는 해법을 찾을 수 없다. 결국 자본주의를 대체하는 새로운 대안체제인 사회주의로 나아가는 길밖에 없다. 그래서 마르크스주의는 현실 사회주의 체제가 붕괴하고 나서도 여전히 유효하다.

CHAPTER **05**

자본의 금융화와 위기

2008년 4월

과거를 되돌아보면 당시에는 보지 못했던 것을 알게 된다. 최근 미국 경제의 성장을 유도했던 주택거품은 조만간 터질 수밖에 없었고, 전반적인 금융위기와 세계 경제의 침체는 피할 수 없는 결과였다. 고위험 부채운용이라는 새로운 금융 연금술 놀음에 발을 들여놓지 않았던 사람이나 대부분의 기업들처럼 막대한 투기이윤에 눈이 멀지 않았던 기업이라면 수년 동안 분명한 경고 신호를 발견할 수 있었다. 1960년대 이후로 『먼슬리 리뷰』는 처음에는 해리 맥도프와 폴 스위지의 편집책임 아래서, 다음으로는 이 책의 공저자들의 저서를 통해 경제정체의 주요 척도로서 급속한 금융/부채의 성장과 GDP의 관계를 조명해 왔다. 이런 작업의 목적은 무언가를 예측하기 위해서가 아니라, 다만 선진자본주의 경제에서의 축적 과정의 성격이 어떻게 변하고 있는지 분석하고자 함이었다. 여하튼 우리는 오래 전부터 독점-금융자본의 장기 궤적은 너무 불안정하기 때문에 그것을 해소하는 유일한 방법은 궁극적으로 자본을 일소하는 것이라고 믿어왔다. 마르크스가 지적한 바 있지만 자본주의적 생산의 진정한 장애는 자본 그 자체라는 말은 오늘날까지도 진실이다. 그와 같은 파국이 실제로 일어났을 때 어떤 일이 벌어질지는 의심의 여지가 없다. 그것은 깊고 장기간 지속되는 정체상황이다.[1)]

지금은 다 알려져 있지만 미국의 주택건설 거품이 터지자 정체와 주택가격의 하락, 채무불이행 사태, 전 세계적 금융위기의 확산, 미국의 소비감축이라는 연쇄반응이 시작되었다. 2007년 7월 비우대금리 주택할부금융 시장이 붕괴한 후 금융혼란과 공황이 국경을 넘어서 뿐만 아니라 금융시장 내부에서도 한 분야씩 차례로 걷잡을 수 없이 번져나갔다. 변동금리부 주택할부금융, 기업어음(단기기업부채), 유가증권보험, 기업담보대출, 회사채, 자동차담보대출, 학자금대출 등 모든 것이 흔들렸다.

은행, 헤지펀드, 외환시장은 모두 폭격을 맞았다. 이미 허약한 미국의 생산부문이 이러한 금융부문의 와해에 영향을 받아 "실물" 경제가 마이너스를 기록하는 데는 오랜 시간이 걸리지 않았다. 취업률의 하락, 소비와 투자의 위축, 생산과 이윤의 감소 … 대부분의 산업 및 경제분석가들은 이제 전폭적인 경기침체가 미국과 세계 경제를 기다리고 있다고 믿고 있고, 이미 시작되었다고 보는 사람들도 있다. 전임 연방준비이사회 의장 앨런 그린스펀은 2008년 2월

[도표 5.1] 국내 총 이윤에서 차지하는 금융이윤의 비중

(5년 단위)

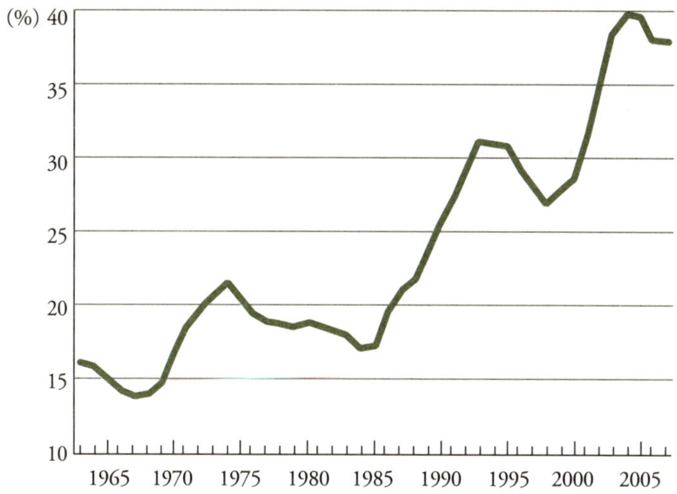

자료 :「대통령 경제보고서, 2008」, "1959-2007년간의 산업별 기업이윤," 표 B-91.

25일 언론과의 인터뷰에서 "바로 지금 미국의 경제성장률은 제로이다. 나르던 비행기가 동력이 떨어져 하강하는 상황과 같다"고 말했다.[2)]

우리가 여기서 주장하고자 하는 바는 이러한 상황이 자본주의 역사에서 흔히 있는 대규모 신용혼란이 아니라 체제의 모순이 발전한 새로운 단계라는 점이며, 그것은 "독점-금융자본"이라고 이름붙일 수 있을 것이다. 지난 7년 동안에 자본주의의 본거지에서 두 차례나 금융거품이 터졌다는 것은 금융화—지난 40년 동안 진행된 무게중심의 생산부문으로부터 금융부문으로의 이동—의 위기를 알리는 신호이다.

지금부터 꼭 10년 전에 폴 스위지가 말한 "자본주의 축적과정

의 금융화"가 1970년대 이후로 경제성장을 이끈 주동력이었다.[3] 이러한 변환은 1970년대 이후로 이윤 총계에서 차지하는 금융이윤의 비중이 급격하게 높아진 데서 잘 드러나고 있다([도표 5.1]을 보라). 자본주의의 금융화는 거품이 갈수록 커지고 더 자주 터지며 그 영향이 경제를 더욱 황폐하게 만드는 모습으로 나타나는데, 매번 거품이 터질 때마다 정체를 심화시키는 것—예컨대 성숙기 자본주의의 고질병인 저성장, 설비과잉, 실업/불완전고용—이 주요 특징이다.

이러한 문제를 강조하기 위해 우리는 먼저 주택거품의 붕괴 직후 나타난 위기의 전개과정을 살펴보아야 한다. 그런 다음에 축적의 장기적인 흐름, 다시 말해 현재 위기의 역사적 조건이라고 할 수 있는 정체-금융화의 역학관계를 살펴볼 것이다.

거품의 다섯 가지 국면

2000년의 대규모 주식시장 하락은 심각한 경제하강의 전조였지만 부동산거품 덕분에 기업손실과 광범위한 경제혼란의 충격이 완화되고 2001년의 비교적 소규모 경기침체로 나타났다. 이런 상황을 두고 2002년에 매크로메이븐스 사의 금융분석가 스테파니 폼보이는 주택금융 시장에서 일어난 투기거품이 주식시장 거품붕괴의 충격을 기적적으로 막아주었다고 분석했다. 폼보이는 이것을 "거대한 거품의 전이"라는 적확한 이름으로 불렀다.[4] 저금리와 은행 지급준비율 인하—이 때문에 은행은 더 많은 자금을 동원할 수 있었다—에 자극받은 자본이 대거 주택건설 시장으로 흘러들자 주택담보대출은 수직으로 상승하고, 주택가격은 치솟았으며, 곧이어 거대한 투기바람이 불어닥쳤다.

이러한 일련의 상황전개는 자본주의 역사에 으레 등장하는 투기거품의 기본적인 도식을 따르고 있는데, 찰스 킨들버거(Charles Kindleberger)가 저서 『광기, 패닉, 붕괴 : 금융위기의 역사』(*Manias, Panics, and Crashes : History of Financial Crisis*, Robert Z. Aliber 공저)에서 이 도식을 새로운 기회–신용팽창–투기광풍–위기와 불안–붕괴/패닉의 고리로 정리해 놓은 것은 널리 알려진 일이다.[5)]

새로운 기회

새로운 기회는 새로운 시장, 혁명적인 신기술, 혁신적인 제품 등으로 나타날 수 있다.[6)] 여기서 새로운 기회는 새로운 금융기법인 부채담보부 증권(Collateral Debt Obligation : CDO)을 동원한 주택담보대출금의 "증권화"였다. 1970년대 이후로 은행들은 개별 주택담보대출금을 묶어 부채담보부 증권으로 만든 후 다른 금융기관에 매각하여 현금을 동원했다. 이렇게 증권화된 대출금은 후에 저당담보부 증권(Collateral Mortgage Obligations : CMOs)으로 발전한다. 저당담보부 증권은 몇 개의 "트란쉐"(tranche)로 구성되었는데, 각 트란쉐 부채의 원금을 상환하기 위한 담보의 수입흐름에 따라 등급이 가장 높은 것을 제1트란쉐라고 부르는 식으로 연속적인 등급으로 나누어졌다. 1990년대에, 특히 1990년대 말에 은행은 저위험, 중위험, 고위험(서브프라임) 저당과 그 밖의 다른 유형의 부채를 혼합하여 부채담보부 증권을 구성하기 시작했다.

이제 트란쉐는 상환 불이행의 위험을 나타내는 척도가 되었고, 최하위로부터 시작해 하위 트란쉐가 차례로 차상위 트란쉐의 상환 불이행의 위험을 우선적으로 흡수하게 되어 있었다. 3개 주요 신용평가 기관들은 새로운 부채담보부 증권의 상위 트란쉐에 투자적격 등급을 부여했다. 투자적격 증권은 충분한 상환능력을 갖고 있다고 평가되어 은행의 투자가 허용되었다. 투자적격 등급에 들지 못한 증권이 정크 본드(junk bond : 위험채권)이다. 이러한 구조의 논리적 바탕은 융자구성을 지역별 · 분야별로 분산시키고 위험을 "잘게 나누어" 최하위를 제외한 모든 트란쉐를 안전한 투자대상으로 만들 수 있다는 것이었다. 최상위 트란쉐의 (그리고 최대의) 부채담보부 증권은 AAA 등급 판정을 받은 증권보증회사들로부터 "보증을 받는" 방식을 통해 대부분 최고 등급(AAA : 미국 국채와 같은 등급)을 받았다. 이런 과정을 거치면서 방대한 저당 대출시장이 형성되었다. 이 시장은 신용불량 기록을 갖고 있거나 낮은 소득 때문에 이전에는 주택담보대출 시장에 진입하지 못했던 이른바 "비우대금리"(서브프라임) 차입자들을 빠른 속도로 흡수했다. 이러한 수법을 통해 높은 신용등급을 얻게 된 은행들은 자신이 만들어낸 이 증권들을 새로운 전 세계 금융시장에서 손쉽게 처분할 수 있었다.

주택거품이 생기는 데 결정적인 역할을 한 것은 은행들이 부채담보부 증권을 보유하기 위한 통로로서 만든 자산유동화회사 (structured investment vehicles : SIVs, 구조화투자회사)—이것 자체가 가상의 은행이었다—였다. 이 특수목적 회사는 부채담보부 증권을 매입하기 위해 기업어음 시장을 끌어들여 단기자금을 마련하였다. 이것은 그들이 장기채권에 투자하기 위하여(자산유동화 기업어음 발행을 통한) 단기자금을 차입했음을 의미한다. 투자가들을 안심시키기 위하여 BOA 등 대형 은행들과 신용 디폴트 스와프(Credit Default Swap : CDS) 협약을 맺은 자산유동화회사(CDS의 매입자)는 그들의 자산가치가 하락하고 신용이 고갈되어 불이행 상태에 빠지게 될 경우 대규모 지급을 보증해 준 은행들(CDS의 매도자)에게 분기별로 협약 수수료를 지급했다. 이것이 다른 요인들과 합쳐져 은행은 다른 곳으로 이전시키려고 했던 위험에 자신이 노출되는 결과를 맞게 되었다.[7)]

신용팽창

자산거품이 유지되려면 신용의 팽창—개인이나 기업이 더 많은 부채에 의존하는 현상—은 불가피하다. 주택건설 거품이 발생했던 요인은 주식시장 거품이 터진 이후의 매우 낮은 금리와 대폭 낮추어진 은행 지급준비율이었고, 이 때문에 누구든 신용경력에 관계 없이 돈을 빌릴 수 있었다. 연방준비이사회는 2001년 1월부터 시작하여 12차례나 연속적으로 금리를 내렸는데, 연방기금 금리는 6%에서 2003년 6월이 되자 제2차 세계대전 후 최저 수준인 1%가

되었다.[8)]

그 결과 주택건설 거품이 일고 주택가격이 올라감에도 불구하고 저렴한 금융 덕분에 주택담보대출을 받는 사람이 늘어났다. 이례적으로 낮은 금리와 장기대출이 맞물려 주택가격이 가파르게 올라가는데도 주택담보대출금의 월별 상환을 감당할 수 있었다. 만약 매월 원리금 상환이 감당할 수 없는 수준이라면—실질임금이 30년 가까이 제자리를 맴돌고 있고 진입 초기의 임금이 최저 임금을 겨우 넘기고 있는 상황에서는 당연히 그랬을 것이다—최초 불입금을 더 낮추는 방안이 나오지 않을 수 없었다. 그래서 나온 것이 대체로 3년에서 5년 미만인 도입기에는 낮은 "미끼"이율을 적용하다가 이 기간이 지나면 보다 높은 변동금리로 옮겨가는 방식이었다. 최초 불입금이 없고 금리도 거의 제로이다 보니 주택가격이 올라가는데도 신규 구매자들은 집을 "가질 수" 있었다.

치밀하게 따질 줄 모르는 주택 구매자들은 집을 산 후에도 계속하여 주택가격이 올라가면 "미끼"이율 적용기간이 끝나도 재융자를 받을 수 있다고 믿고 쉽게 부동산 도취증 환자가 되었다. 대부분의 비우대금리 주택담보대출은 주택평가액의 100%까지 대출을 받았다. 비우대금리 최초 대출자인 은행들은 가능한 한 많은 대출을 해주고 대출부채들을 묶어 빠른 시간 안에 제3자에게 팔아넘겼다. 급속하게 올라가는 주택가격 덕분에 이 과정에서 최초 대출자, 중개인 할 것 없이 관여한 모든 당사자들이 벌떼처럼 달라붙어 각종의 넉넉한 수수료 수입을 즐길 수 있었다. "주택저당증권(Mortgage Backed Securities : MBS)으로 전환된 비우대금리 주택담보대출의 총

액은 2000년의 560억 달러에서 최고치에 도달했던 2005년에는 5,080억 달러로 치솟았다."[9)]

투기광풍

투기광풍 국면의 특징은 부채의 급속한 양적 증가와 그에 못지않은 부채의 질적 악화이다. 금융자산을 매입하기 위해서는 대규모 차입에 의존하는데, 차입을 결정할 때 그 자산이 가져다 줄 소득유입의 기대치를 고려하는 것이 아니라 자산의 가격상승을 가정하여 결정한다. 이것이 경제학자 하이만 민스키가 말한 그 유명한 "폰지(Ponzi) 금융"이다.[10)] 비우대금리 주택담보대출을 묶어놓은 부채담보부 증권은 폰지 금융의 고전적 형태이자 "유독성 폐기물"이었다.

주택담보대출을 해주는 쪽이나 비우대금리로 차입하는 쪽이나 모두가 광풍에 사로잡혔다. 부동산 투기꾼 무리가 주택을 높은 값으로 되팔 목적으로 주택시장에 모여들었다. 많은 주택 소유자들도 자신들이 소유한 주택가격이 급속하게 상승하는 것을 자연스럽고도 항구적인 흐름으로 인식하고 재융자를 통해 낮은 금리로 현금을 인출해 쓰는 이점을 즐겼다. 대부분의 노동자들이 임금이 정체되어 있음에도 소비수준을 유지하거나 높이기 위해 이 방법을 이용했다. 거품이 최고조에 이르렀을 때인 2005년 10월에서 12월 사이에만 신규 주택담보대출이 1조 1,100억 달러 늘어났고, 그 시점에서 주택담보대출금의 전체 잔고는 8조 6,600억 달러, 미국 GDP의 69.4%와 맞먹는 금액이었다.[11)]

위기와 불안

위기와 불안은 외부적 충격에 의해 금융시장의 방향이 갑자기 바뀔 때 나타난다. 금리가 오르자 2006년에 처음으로 주택거품이 터졌다. 비우대금리가 높았던 캘리포니아, 애리조나, 플로리다 같은 지역에서 주택가격이 떨어졌다. 두 자리 수로 오르는 주택가격과 매우 낮은 금리 덕분에 주택담보대출에 변동금리가 적용되기 전에 재융자를 받거나 주택을 매각할 생각으로 차입했던 사람들은 주택가격이 갑자기 떨어지고 대출 상환금액이 점차로 늘어나는 상황에 직면했다. 투자자들은 지역적으로 나타나는 주택시장의 냉각이 주택담보대출 시장 전체로 확산되고 결국 경제 전체에 영향을 미치지 않을까 우려하기 시작했다. 투자자를 보호하고 양질의 신용에 투기하는 수법으로서 개발된 신용부채 스와프(credit debt swap)가 이러한 불안을 나타내는 지표가 될 수 있는데, 전 세계적으로 49%나 증가하여 2007년 전반기에 그 규모가 42조 5,000억 달러로 추산되었다.[12)]

붕괴

금융거품의 마지막 단계는 붕괴와 패닉이라고 알려져 있으며 "안전자산으로 회귀하기 위해", [다시 말하면 유동성을 확보하기 위해] 신속하게 자산을 매각하는 것이 그 특징이다. 현금이 다시 한 번 왕이 되는 것이다. 시장에 충격을 준 최초의 현금화는 베어 스턴스(Bear Stearns)가 운용하던 약 100억 달러짜리 두 개[주택저당증권(Mortgage-backed Securities : MBS)] 헤지펀드가 와해된 것이었다. 하나는 90%의 손실을 입었고 다른 하나는 전액 손실을 입었다. 이 두 개의 헤지펀드가 보유하고 있던 자산의 규모가 얼마인지 정확히 알 수 없다는 것이 밝혀지자 미국뿐만 아니라 유럽과 아시아의 수많은 은행들이 이 유독성 비우대금리 주택담보대출에 노출되었다는 사실을 시인하지 않을 수 없었다. 금융기관 사이에 두려움이 번져나가자 심각한 신용부족 사태가 벌어졌고, 어느 누구도 자신이 안고 있는 금융 유독성 폐기물이 얼마나 되는지 제대로 알지 못했다. 신용부족 사태가 회사채 시장으로 번져가자 투자은행들이 지원하는 투자전문회사(SIVs)의 자금원이 막혔다. 이렇게 되자 몇몇 거대은행들이 신용부채 스와프로 인해 위기에 처했다. 대표적인 사건이 영국의 주택담보대출 은행인 노던 락(Northern Rock)이 2007년 9월에 지급불능 사태에 빠진 후 정부의 긴급구제금융을 통해 국유화된 것이었다. 영국의 은행이 파산한 것은 한 세기 만에 처음 있는 일이었고, 고객들이 예금을 인출하기 위해 줄을 잇는 사태가 벌여졌다. 주택저당증권(MBS)에 대한 신용 디폴트 스와프를 보증한 미국의 채권보증업체들도 무너지기 시작했다.[13)]

금융붕괴가 빠른 속도로 전 세계로 번져나갔던 것은 국제투자자들도 미국의 주택저당증권에 깊이 연관되어 있었다는 것을 의미했다. 세계 경제성장률이 경제학자들이 세계적인 경기침체 수준이라고 정의하는 2.5%로 이하로 떨어질 것이라는 우려가 퍼져나갔다.[14)] 전 세계 금융시장에 이런 우려가 삽시간에 퍼져나갔던 이유는 금융시장 체계 자체가 너무나 복잡하고 불투명해서 누구도 금융 유독성 폐기물이 어디에 묻혀 있는지 알 수 없었기 때문이었다. 이런 상황에서 미국 국채에 대한 수요는 폭증하고 은행의 대출은 급감했다.

월스트리트 저널은 2008년 1월 19일자 기사에서 킨들버거의 『광기, 패닉, 붕괴 : 금융위기의 역사』를 인용하면서 금융체계가 "붕괴단계"에 진입했다고 공개적으로 표현했다. 연방준비이사회가 9월에 4.75%였던 연방기금의 금리를 1월에는 3%로 낮추고 추가적인 금리인하도 고려한다고 발표하고 최후의 대출자로서 유동성을 쏟아부었고, 연방정부가 개입하여 1,500억 달러의 구제금융을 내놓았다. 그러나 이 글을 쓰고 있는 현재까지도(2008년 3월 초) 변동금리부 대출의 금리가 인상되면서 새로운 충격을 받아 수조 달러대의 주택담보대출 시장의 파산으로 야기된 위기를 진정시키려는 어떤 조치도 먹혀들지 않았다. 주택거품의 종말은 GDP의 72%에 달하는 주택매입자금 대출로 이미 부채에 허덕이던 미국 소비자들의 재정상황을 붕괴시켰다.

궁극적으로 경제후퇴가 어느 정도로 심각하게 나타날지는 아직 알 수 없다. 금융분석가들은 주택가격이 평균 20-30% 정도 떨어질 것이고, 가격상승 추세가 가파랐던 지역에서는 이보다 더 떨어질 것으로 예측한다.[15] 미국 주택가격은 2007년 4/4분기에 가속적으로 하락했다.[16] 여기에 더하여 소비자들이 연료와 식품가격의 상승 때문에 고통받고 있는 사실은 심각한 경제하락을 보증해 준다. 일부 관측자들은 "거품의 순환"을 언급하고 있으며, 파국을 면하고 경제성장이 회복되는 유일한 방법으로서 또 다른 거품이 일기를 기대하고 있다.[17] 그런가 하면 어떤 관측자들은 저성장이 오랫동안 지속되리라고 보고 있다.

한 가지는 분명하다. 대부분의 자본가들은 온갖 위험회피 장치를 통해 하강기에도 자신들의 이익을 보호할 수 있는 상대적으로 유리한 위치에 있고 사태가 발생하면 긴급구제를 요청할 수도 있다. 또한 자본가들은 비용을 경제적 하위계층에 전가할 수 있는 수많은 방법을 알고 있다. 그러므로 소액투자자, 노동자, 소비자, 그리고 제3세계 경제가 비대칭적으로 손실을 떠안게 될 것이다. 우리가 자본주의 역사에서 항상 보아온 바이지만, 이런 사태를 겪고 난 후에는 개별 국가 단위에서나 전 세계적으로도 경제와 금융의 집중화는 더욱 강화될 것이다.

금융화의 위기

현재로서는 하강국면이 지속될 것이라는 점 이외에는 분명하게 말할 수 있는 것이 없다. 그러나 장기적인 역사적 관점에서 볼 때 최근 벌어진 일들은 금융화의 보편적 위기가 드러난 하나의 증상으로 볼 수 있을 것이며, 그 이면에 잠복해 있는 핵심은 정체라고 하는 망령이다. 계급기반의 생산체제에 뿌리를 둔 문제들을 보다 광범위하고 심도 있게 파헤침으로써 우리는 앞에서 살펴본 사태들이 자본축적과 자본주의 계급사회의 미래에 어떤 영향을 미칠 것인지 조망해 볼 수 있을 것이다.

많은 평론가들이 모건 스탠리 아시아의 회장인 스티븐 로취(Stephen Roach)의 말을 인용하여 미국 경제는 "하나의 거품이 또 다른 거품을 낳는 … 천박한 신용의 괴물 같은 거품"이라고 비판해왔다. 로취는 다른 기회에 "미국 경제의 거품은 갈수록 커져왔고, 그것이 실물경제에 미치는 영향도 점차 커졌다"고 말했다. 가계부채는 가처분 개인소득의 133%까지 늘어났고, 금융기업의 부채도 최고치를 기록했으며, 정부와 비금융기업의 부채도 꾸준히 증가해오고 있다.[18] 기반경제에 비해 상대적으로 거대한—소비자, 기업, 정부—부채의 폭발이 경제를 떠받치면서 불안정을 키워왔다(주택거품이 최고조에 이르렀던 2005년에는 부채가 GDP의 300%를 훨씬 넘었다).[19]

주류 경제학자들은 이와 같은 현상에 대해 높은 소비와 차입, 그리고 개인저축의 소진에 중독된 미국의 국가적 노이로제이며, 이것이 가능했던 까닭은 달러 패권 덕분에 해외로부터 자본이 유입되었기 때문이라고 분석해 왔다. 반면에 진보적인 경제학자들은 수십 년 동안 진행된 역사적 과정(지금은 보통 금융화라고 부른다)—생산부문의 충실한 심부름꾼이었던 금융이 자리를 바꿔 이제는 생산부문을 지배하게 된—과 관련된 자본축적 과정의 구조적 변화를 지적해 왔다.

자본축적 과정의 금융화 문제는 해리 맥도프와 폴 스위지가 25년 전에 『먼슬리 리뷰』에 기고한 「생산과 금융」이라는 논문을 통해 강조했다. 금융폭발은 기반경제의 정체에 대한 대응이라는 논리("정체가설")[20]에서 출발한 두 사람은 금융화가 직접적으로는 고용에 미치는 영향을 통해, 간접적으로는 자산평가에 의해 창출된 수요(지금은 "부의 효과"라고 부른다)를 자극함으로써 현대 기업의 과잉생산설비 문제를 상쇄했다고 주장했다.[21] 그렇다면 당연히 다음과 같은 질문이 제기된다 : 이런 과정은 지속될 수 있을까? 두 사람의 답은 이렇다 :

> 구조적인 관점에서 보자면, 다시 말해 상술한 바와 같이 금융부문이 광범위한 독자성을 확보했다고 한다면 이와 같은 금융 인플레이션은 항구적으로 유지될 수 있을 것이다. 그런데 과연 금융부문은 생산부문의 굳건한 정체 앞에서도 붕괴하지 않을 수 있을까? 금융과 생산 두 부문은 정말 그렇게 독립적일까? 아니면 지금 우리가 논하고 있는 것이 자본주의의 과거 역사에서 보았던 수많은 투기광풍처럼 언젠가는 터지고 말 인플레이션 경향의 거품에 불과하지는 않을까?

이 질문에 대한 분명한 답을 제시하기는 어렵다. 그러나 우리의 견해는 자본주의 역사의 현 단계에서는 생산부문의 정체와 금융부문의 인플레이션이 오랫동안 공존할 수 있다는 쪽으로 기울어 있다.[22)]

맥도프와 스위지는 금융화 경향의 뿌리에는 바탕 실물경제의 정체가 자리 잡고 있으며, 이러한 정체는 현대 자본주의의 정상상태라고 주장했다. 이런 관점에서 보자면 우리가 규명해야 할 것은 정체가 아니라 1960년대와 같은 급속한 성장기였다.

주류 경제학자들은 성숙기에 접어든 자본주의 경제의 정체경향에 대해 주의를 기울인 적이 별로 없었다. 기성 경제 이데올로기의 입장에서는 급속한 성장은 자본주의 체제의 고유한 자산으로 인식된다. 그래서 그들은 중요한 경제하강 국면이 시작되면 그것은—고통스럽지만 자기 교정이 가능한—순환현상에 불과하다고 설명한다. 머지않아 완전한 회복이 찾아올 것이며, 옛날처럼 성장이 지속될 것이다.

그러나 맥도프와 스위지가 주장하는 바는 이와는 전혀 다르다. 두 사람의 설명에 따르면 미국, 주요 서유럽 국가, 일본 같은 성숙기 자본주의 경제의 정상궤도는 급속한 성장이 아니라 정체이다. 이런 관점에서 보자면 오늘날의 주기적인 위기는 가속적인 발전을 이루는 과정에서 일시적으로 나타나는 중간 휴지기가 아니라 자본축적 과정의 심각하고도 장기적인 속박을 의미한다.

자본주의 경제는 성장을 계속하기 위해 자신이 산출한 늘어나는 잉여를 흡수할 새로운 수요의 원천을 끊임없이 찾아내야 한다. 그런데 경제의 역사적 진화과정에서는 체제의 증대하는 생산성에 의해 산출된 [투자대기 중인] 잉여가 새로운 수익성 있는 투자출구를 충분히 찾아낼 수 없는 때가 온다. 그 이유는 복합적이며, 다음 여러 항목과 관련이 있다 : (1) 성숙기에 접어든 경제. 이 단계에서는 기본적인 산업구조는 더 이상 출발점에서부터 쌓아올릴 필요가 없고 단순히 재생산만 하면 된다(그러므로 생산을 통해 감가상각만큼의 이윤을 내기만 해도 균형상태가 될 수 있다). (2) 경제에 획기적인 자극을 주고 장기적인 영향을 미치는 신기술(예컨대 자동차 같은 것)의 부재(컴퓨터와 인터넷의 광범위한 사용은 초기 전환기의 기술이 경제에 미친 것과 같은 자극효과를 내지는 못했다). (3) 소득과 부의 불평등의 증대. 밑바탕의 소비수요를 제한하고 활용되지 않는 생산설비가 쌓여가고 부유한 자들이 "실물"경제—재화와 서비스를 생산하는 부문—에 투자하는 대신 투기를 늘려감에 따라 투자가 축소된다. (4) 독(과)점과정. 체제의 유연성과 역동성의 주요 동력으로 인식되어 온 가격경쟁을 희석시킨다.[23)]

역사적으로 정체가 가장 극적으로 모습을 드러낸 때는 1930년대의 대공황 시기이다. 이 때의 정체는 제2차 세계대전 시기의 경제적 자극과 "황금 시대"라고 불리는 종전 직후의 예외적으로 유리한 환경 덕분에 차단되었다가 이러한 조건이 사라지자 1970년대에 다시 등장했다. 생산설비의 가동률은 장기적인 하락을 시작하여 지금까지도 이어지고 있는데, 1972–2007년 기간에 평균 가동률은 79.8%에 불과했다(1960–1969년 기간의 평균 85%와 대비된다). 그 부분적인 결과로 순투자가 쇠퇴했다([도표 5.2]를 보라).[24)]

[도표 5.2] GDP에서 차지하는 순 민간 비주거용 고정자산 투자의 비중
(5년 이동 평균)

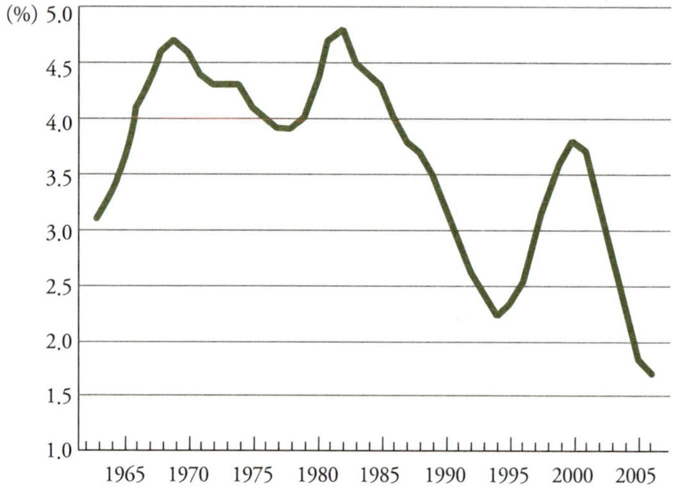

자료 : 경제분석청, 전국 소득 및 생산계정, "주요 타입별 순 국내투자와 총 국내투자, 연간통계, 1929-2006," 표 5.2.5 ; 「대통령 경제보고서, 2008」, "GDP, 1959-2007," 표 B-1.

자본주의 발전이론에서 순투자(장비투자에서 감가상각분 대체투자를 차감)의 고전적 역할은 분명하다. 기업차원에서는 배당 전(그리고 세전) 이익 가운데서 투자 가능 잉여가 흡수되는 부분은 순투자뿐이다(총 투자의 나머지 부분은 자본재 감가상각 소모부분의 대체투자이다). 경제학자 해롤드 배터(Harold Vatter)는 1983년에 발표한 「순투자의 위축」이라는 논문에서 다음과 같이 말했다 :

> 개별 기업차원에서 순투자가 위축된다는 것은 비금융기업의 역사적이고 뿌리 깊은 존재이유—자본축적—가 종말에 이르고 있다는 것을 의미한다. 그 결과 납세 전 미분배 이윤이 순투자라는 효율적인

수요에 대응해 왔던 전통적 역할을 하지 못하게 된다.[25)]

한때는 순투자가 증가하는 경제적 잉여를 흡수하여 자본주의 경제를 움직이는 주요 동력이었다. 1960년대의 "황금 시대"를 지탱해 준 것은 (정부의 군사목적 지출과 더불어) 비교적 높은 순 민간 비주거용 고정투자였다. 이러한 투자가 1970년대 초부터—1970년대 말과 1980년대 초 사이, 그리고 1990년대 말의 잠깐 동안의 예외를 제외하고—(GDP 대비 비율이) 후퇴했다는 것은 경제가 투자처를 찾고 있는 잉여를 모두 흡수하지 못한다는 신호이며, 동시에 재화와 서비스를 생산하는 실물경제에서 깊은 정체가 시작된다는 표시였다.

시간이 지날수록 모든 문제가 악화되었다. (2006년 이전) 반세기 동안 GDP 대비 순 비주거용 고정투자가 가장 낮았던 10년 중의 9년은 1990년대와 2000년대에 분포해 있는데, 주식시장이 붕괴하기 직전인 2000년 한 해에만 GDP 대비 순 비주거용 고정투자가 1960-1979년의 평균(4.2%)과 같았다. 투자가 이루어지지 않는 이유는 결코 투자처를 찾는 잉여가 부족했기 때문이 아니다. 오늘날 기업들이 현금더미를 깔고 앉아 있는 상황이 이런 사실을 증명하는 하나의 지표이다. 수익성 있는 출구를 찾지 못해 투자가 감소하고 있는데도 기업저축은 6천억 달러가 넘는다.[26)]

지난 수십 년 동안 순투자가 감소하고 정부의 민수부문 지출이 제한되어 있었는데도 불구하고 상황이 악화되는 것을 막아준 주요인은 금융의 팽창이었다. 그 덕분에 상당부분의 경제적 잉여가 이른바 FIRE(금융, 보험, 부동산)라고 하는 쪽에서 출구를 찾으면서 이 비생산부문에서 많은 새로운 일자리가 생겨났고, 간접적으로는 자산평가(부의 효과)의 영향으로 수요가 촉발되었다.

최근 수년 동안 경제에 자극을 준 주요인은 금융뿐만이 아니라 군사적 지출이었다. 제국주의의 강력한 비판자인 차머스 존슨(Chalmers Johnson)은 2008년 2월호 『르 몽드 디프로마띠크』에 기고한 글에서 다음과 같이 말했다:

> 국방부의 2008 회계년도 지출예산은 미국을 제외한 나머지 전 세계 국가들의 군사예산을 합한 것보다 많다. 공식적인 국방예산에 포함되어 있지 않은 이라크와 아프가니스탄 전쟁을 위한 보충예산 자체도 중국과 러시아의 국방예산을 합한 것보다 많다. 2008 회계년도의 국방 관련 지출은 역사상 처음으로 1조 달러를 돌파할 것이다 … . 부시 대통령이 시작하여 현재도 진행 중인 두 개의 전쟁을 제외하더라도 국방비 지출은 1990년대 중반 이후로 두 배나 늘었다. 2008 회계년도의 국방예산은 제2차 세계대전 이후 최대 규모이다.[27)]

그러나 이와 같은 막대한 군사지출의 자극도 오늘날의 미국 자본주의를 정체로부터 끌어올리기는 충분하지 않다. 그래서 경제는 갈수록 성장의 주요 수단으로서 금융화에 의존하게 되었다.

스위지는 1994년에 하버드대학 경제학과 대학원생들을 상대로 한 강연에서 이러한 극적인 경제환경의 변화에 대해 다음과 같이 말했다:

옛날에 금융은 생산의 겸손한 조력자 역할을 하였다. 금융은 경기주기의 확장기 마지막 단계에서 독자적인 생명을 가지고 투기과잉으로 나아가는 경향을 갖고 있었다. 그러나 이런 일은 예외 없이 짧은 기간 동안에만 일어났고, 경제의 작동구조에 지속적인 영향을 주지도 않았다. 그런데 최근에는 비교적 독립적인 금융부문의 성장이 경기과열 시기가 아니라 오히려 민간기업이 이익을 내면서도 투자의욕을 갖지 못하는, 다시 말해 민간 실물투자가 정체된 시기에 나타나는 일이 벌어졌다. 그러나 기업과 그 주주들은 언제나 그랬던 것처럼 자신들의 자본을 확대시키는 일에 결코 게으르지 않기 때문에 매력적이고 새로운 금융기법을 제시하는 금융부문에 그들의 돈을 쏟아부었고, 금융부문은 이렇게 들어온 막대한 돈을 요리하는 능력을 확대하여 화답했다. 이 과정은 1970년대에 시작되어 1980년대에 비약적으로 발전했다. 1980년대 말이 되자 금융이 생산체제를 위해 겸손한 보조자 역할을 하는 구식 경제구조는 거대하게 팽창한 금융부문이 고도의 독립성을 획득했을 뿐만 아니라 기반 생산체제 위에 군림하는 새로운 구조에 자리를 내주게 되었다. 그것이 근본적으로 지금의 우리 경제구조이다.[28]

그래서 금융-독점자본 단계의 자본주의는 정체의 최악의 국면을 피하기 위해 갈수록 금융-부채체제의 거품에 의존하게 되었다. 뿐만 아니라 금융화 과정 자체는 이러한 악순환에서 벗어날 수 있는 방도가 되지 못한다. 오늘날 자본주의 체제의 핵심부에서 7년 동안에 터진 두 개의 거품은 심각한 정체의 이면에 잠복해 있는 금융화의 위기를 보여주는 것이며, 현재로서는 더 많은 거품을 일으키는 일 이외에는 이 함정에서 빠져나올 길이 보이지 않는다.

금융화는 정말 문제인가 아니면 하나의 증상에 불과한가?

지금까지의 주장을 요약하자면 정체가 금융화를 낳고 금융화는 자본주의 체제가 지금처럼 불안한 행보를 이어갈 수 있는 주요 수단이라는 것이다. 그러나 주목해야 할 것은 미국의 진보적인 경제학자들의 최근 연구는 금융화가 정체를 야기한다는 정반대의 결론을 내리고 있다는 점이다. 이런 관점에서 보자면 정말 문제가 되는 것은 정체가 아니라 금융화이다.

이와 같은 논지는 2007년 11월에 정치경제연구소(Political Economy Research Institute)가 내놓은 「금융화 : 그것은 무엇이며 왜 생기는가?」란 토마스 팰리(Thomas Pally)의 연구논문에 잘 드러나 있다. 팰리는 다음과 같이 지적했다 : "금융화의 시기는 경제성장이 전반적으로 둔화된 시기와 함께했다. … 금융화가 시작된 1979년 이후로 영국을 제외한 모든 나라에서 연평균 성장률은 떨어졌다. 뿐만 아니라 성장도 둔화되는 경향을 보였는데, 1980년대가 1990년대보다, 1990년대가 2000년대보다 높은 성장을 나타냈다." 나아가 팰리는 "금융화가 만들어낸 경기주기는 불안정하고 결국에는 장기적인 침체로 끝날 것"이라고 관측한다. 여하튼 팰리가 제기하는 주장의 핵심은 이러한 "장기적인 정체"는 다름 아닌 금융화의 결과라는 것이다. 그래서 그는 "임금의 정체와 소득불균형의 심화" 같은 요인들은 "금융부문의 이익 때문에 생겨난 변화와 매우 밀접한 관련을 갖고 있다"고 주장한다. "부채금융 숭배"가 지배하는 "새로운 경기주기"는 금융거품이 일면 더욱 취약해질 것이라고 한다. 그러므로 "금융화는 경제를 부채-인플레이션과 정기적인 경기후퇴 쪽으로 몰고 갈 것이다." 팰리는 자신의 주장을 "금융화 명제"라고 부른다.[29)]

금융화 거품의 마지막 단계에서, 다시 말해 급속한 금융화 시대의 소멸과 함께 장기적이고 심각한 정체가 등장할 것임은 의심의 여지가 없다. 바로 그런 일이 1990년의 부동산-주식시장 거품이 터진 후 일본에서 일어났다.[30)] 앞에서 소개한 팰리의 분석에 따르면, 이러한 경제침체는 금융화가 경제에 미치는 부정적인 영향의 하나라기보다는 바로 금융화의 위기 자체라고 보아야 한다. 문제의 핵심은 금융화가 진퇴양난의 상황에 빠져들었고 금융화로 지탱되던 성장도 함께 멈추었다는 점이다.

우리가 여기서 주장하고자 하는 요지는 (역시 정치경제연구소가 내놓은) 경제학자 외즈귀르 오르한가지(Özgür Orhangazi)의 연구논문 「비금융기업 부문의 금융화와 자본축적」에서도 잘 정리되어 있다. 오르한가지는 "증대된 금융투자와 증대된 금융이윤의 기회는 기업경영자들로 하여금 실물투자에 등 돌리도록 유인함으로써 실물투자를 축출"한다고 지적했다. 오르한가지는 "금융화 시기에 자본축적률[비금융기업의 순 비주거용 고정투자]이 비교적 낮았던" 것은 "금융자산 투자가 증가한" 때문이며, 이것이 바로 "실물투자에 대한 '축출효과'"라고 해석했다. 정체는 이제 (정체이론의) 원인에서 (금융화 이론의) 결과로 변신한 것이다.[31]

그러나 금융투기가 투자를 "축출"한다는 관점은 설비과잉과 순투자 기회의 소멸이 특징인 현재의 경제흐름에서는 별로 설득력이 없는 것 같다. 재화와 서비스를 생산하는 실물경제 분야에서는 아직도 자본의 출구가 많다. 새롭고 확대된 개념의 자동차나 전기제품의 제조, 미용실, 패스트푸드 아웃렛 등과 관련된 분야에서는 이윤을 창출할 수 있는 투자기회를 제약하는 요인이 많지 않다. 자본축적 과정이 수익성 있는 출구를 찾지 못하고 진퇴양난의 곤경에 처해 있는 지금과 같은 상황에서는 우리가 이미 보아온 바와 같이 더 많은 부채의 축적(과 이 때문에 생기는 자산가격의 인플레이션)이 성장을 자극하는 강력한 지렛대 역할을 한다. 이것을 뒤집어 말하자면 부채거품이 사그라지기만 하면 성장이 위협을 받게 된다. 그렇다고 해서 부채가 만병통치약이라는 얘기는 아니다. 오히려 그와는 반대로 오늘날처럼 기반경제가 취약한 상황에서는 아무리 많은 부채도 충분한 자극이 될 수는 없다. 오늘날의 독점-금융자본은 갈수록 "부채에 중독된, 비유적으로 말하자면 엔진을 돌리기 위해서는 갈수록 더 많은 부채가 필요한 처지에 빠져 있다."[32]

금융화가 현대 경제에서 중요한 위치를 차지하기는 했지만 문제의 핵심은 생산을 기반으로 한 계급착취 체제 전체라는 사실을 망각해서는 안 된다. 그런 의미에서 금융화는 자본축적 자체가 앓고 있는 질병의 벌충수단에 불과하다. 마르크스가 『자본론』에서 갈

파했듯이 "신용의 팽창과 수축은 경기순환의 주기적 변화의 증상일 뿐인데 그것을 원인으로 보는 데서 정치경제학의 피상성이 드러난다." 오늘날 자본주의에서 신용-부채가 거대하게 팽창했음에도 불구하고 자본의 진정한 장벽은 자본 자신이라는 진실에는 변함이 없으며, 이는 자본의 과잉축적에서 그 경향이 분명하게 드러나고 있다.

팰리와 오르한가지 같은 좌파 경제학자들이 제기한 금융화에 대한 선의의 비판은 독점-금융자본 시대에 등장한 신자유주의의 가장 나쁜 면을 제거하여 금융화를 다시 규제하려는 데 목적이 있다. 그들의 분명한 의도는 경제를 안정시키고 임금노동자들을 보호할 새로운 금융구조를 수립하는 것이다. 그러나 지금까지의 주장이 옳다고 하더라도 금융을 다시 규제하려는 노력은 주요 목적을 달성하지 못할 것 같다. 왜냐하면 금융제도에 재갈을 물리려는 어떤 진지한 시도든 보다 많은 축적을 위해 금융화의 정도를 끊임없이 높여가야만 하는 축적체계 전체를 불안정하게 할 위험이 있기 때문이다.

스위지는 1994년에 하버드대학 강연에서 경제를 안정시키기 위해 체제 내에서 할 수 있는 유일한 방법은 진정으로 대중에게 도움이 되는 정부의 민수부문 지출을 대폭 확대하는 것이며, "케네디 왕조의 창업자인 조셉 케네디가 정말 어려운 때인 대공황 시기에 말했던 것과 같은 방식으로" 소득과 부를 혁신적으로 재분배하는 것이라고 지적했다. 조셉 케네디는 "나머지 절반의 사람들이 안전할 수만 있다면 내 재산의 절반을 기꺼이 내놓겠다"고 말했다. 물론 우리가 여기서 논하고자 하는 것은 그런 과격한 방식이 아니며, 그런 방식을 택한다 하더라도 자본주의의 본질상 기득권층은 위기가 지나가는 순간 그런 방식을 폐기하자고 주장할 것이다.[33)]

독점-금융자본 체제는 생산과 금융 양쪽을 지배하는 소수 과점집단의 이익을 대변하는 구조라는 점은 절대로 변할 수 없는 진실이다. 소수의 개인과 기업이 거대한 자본을 장악한 채 금융과 투기에 의존하는 것 말고는 원하는 만큼 돈을 늘리는 방법을 알지 못한다. 이것은 자본주의 발전과정 자체에 내재한 뿌리깊은 본질적 모순이다. 인류 전체의 수요를 충족시키는 것이 목적이라고 한다면 세계는 조만간 대안체제를 수용할 것이다. 다른 길은 없다.

CHAPTER **06**

실물경제로의 복귀

2008년 12월

그러나 여러분은 되물을 것이다. 강자들이 다시 대역을 맡아 위기가 제멋대로 진행되기 전에 막아주지 않을까? 분명히 그렇게 할 것이다. 지금까지는 그것이 표준적인 운용방식이었고, 1987년의 주식시장 붕괴 때처럼 모호하게나마 성공할 가능성을 배제할 수 없다. 만약 그렇게 한다면 그 때는 모든 과정이 한층 더 심각하고 한층 더 불확실한 수준에서 되풀이될 것이다. 그러나 조만간, 다음 번이거나 아니면 좀더 먼 장래에는 그런 방식은 성공하지 못할 것이다. … 그 때 우리는 전혀 유례가 없는 새로운 상황을 맞게 될 것이다.

_해리 맥도프와 폴 스위지(1988)[1]

경제학자 제임스 케네스 갈브레이스는 "배가 가라앉기 시작할 때 중앙은행의 첫 번째 해동방침은 필사적으로 구조에 뛰어드는 것"이라고 하였다.[2] 대공황 이후 최대의 금융위기를 맞아 연방준비이사회와 기타 국가의 중앙은행들은 각기 재무부의 지원을 받아 일년 이상이나 "필사적인 구조"를 벌이고 있다. 2007년 7월에 주택저당증권에 막대한 투자를 한 베어 스턴스의 두 개 헤지펀드가 붕괴하면서 심각한 신용부족의 신호가 켜지자 연방준비이사회와 미국재무부는 금융붕괴를 막기 위해 온갖 수단을 동원했다. 금융부문에 수천억 달러를 홍수처럼 쏟아부었고, 필요하다면 조 단위의 달러를 투입하겠다는 약속도 나왔다. 이것은 규모나 방식에 있어서 전례가 없는 일이었다.

연방준비이사회 의장 벤 버냉키와 재무장관 헨리 폴슨(Henry Paulson)은 2008년 9월 18일에 의회에 나와 [상원의원 크리스토퍼 도드(Christopher Dodd)의 표현을 빌리자면] 충격을 받아 정신을 차리지 못하고 있는 의원들을 앞에 두고 다음과 같이 말했다 : "국내외의 여러 가지 정황들을 볼 때 우리의 금융제도는 완전히 붕괴하기 직전입니다." 폴슨이 잇달아 금융구조를 긴급구원하기 위해 정부자금 7,000억 달러를 투입하여 금융기관들이 보유한 사실상 휴지조각인 주택저당증권(업계에서는 "유독성 폐기물"이라 불렀다)을 사들이겠다는 비상계획을 설명했다.[3]

재무장관의 발표가 있은 후 대중들의 분노와 불만이 터져나왔고, 이 때문에 하원은 긴급구제계획을 부결시켰다. 여하튼 며칠내에 폴슨의 당초 계획은 (표를 바꿔 던지는 하원의원들의 정치적 체면을 고려하여 약간의 수정을 가한 후) 의회를 통과했다. 그런데 긴급구제계획이 통과하자 금융불안이 전 세계로 퍼져나갔고, 주식 중개인들이 위기의 심각성을 알아차리자 세계 도처의 주식시장에서 주가가 폭락했다. 연방준비이사회는 1조 3,000억 달러로 추산되는 회사채(기업이 발행한 단기채무증서) 시장 전체의 마지막 매입자가 될 준비가 되어 있다는 발표와 함께 문자 그대로 돈을 홍수처럼 풀어놓았다.

그런데 가장 기본적인 신용의 작동을 회복시키려고 돈을 쏟아부었음에도 불구하고 경제는 유동성 함정에서 빠져나오지 못했고, 그 결과 은행들은 은행 간 대출은 그냥 돈을 쥐고 있는 것보다 훨씬 위험하다고 보고 현금비축에 열을 올렸다. 유동성 부족은 명목상 금리가 거의 제로수준으로 떨어지자 더욱 심각해졌다. 금리를 제로 이하로 낮출 수는 없기 때문에 금리인하라는 통상적인 재정수단은 효력을 발휘하지 못했다. 이런 상황에서 경제는 케인즈가 말한 현금 또는 국채와 같은 현금성 자산의 "비축성향" 때문에 고통받게 된다.

위기가 심화되자 미래에 대해 불안을 느낀 은행과 기타 시장 참여자들은 안전한 현금을 쫓아다녔고, 그래서 연방준비이사회가 아무리 돈을 퍼부어도 자극이 되지 못했다. 유동성 확보 노력은 국채매입으로 이어졌고, 국채수요의 증가는 국채금리를 1%라는 미미한 수준으로 끌어내렸으며, 이것이 다시 유동성 함정에 더 깊이 빠지는 결과를 낳았다.[4)]

비즈니스 위크지가 "금융의 빙하기"라고 이름붙인 대출중단 상태에 직면해 미국과 영국의 금융당국은 은행에 자금을 직접 투입하기 위해 주요 은행의 경영권을 가질 수 있는 수준의 자본참여—일종의 부분적인 국유화—를 하겠다고 발표했고, G-7 국가들도 이런 정책을 뒤따랐다. 한편으로 예금보험도 확대되었다. 미국에서는 정부가 은행의 새로운 선순위 채무 1조 5,000억 달러의 지급을 보증하겠다고 발표했다. 뉴욕타임스 2008년 10월 15일자 보도에 따르면, 은행권 위기의 시발점인 레만 브라더스(Lehman Brothers)의 파산 이후 채 한 달이 되지 않아서 "정부가 최근 긴급구제금융으로 부담한 비용은 2조 2,500억 달러에 이르는데, 이는 당초의 구조계획에서 예상했던 7천억 달러의 3배가 넘는 금액이며, 주로 은행의 부실자산을 매입하는 데 집중되어 있다."[5] 그런데 이 보도가 있은 지 며칠이 지나지 않아 같은 신문은 긴급구제금융의 전체 비용 추정치를 다시 끌어올렸다 : "이론상으로는 패니 메이와 프레디 맥에서부터 월스트리트 기업인 베어 스턴스와 보험회사인 AIG 그룹, 그리고 의회가 승인한 금융지원 패키지, 선별적인 금융시장에 대한 지급보증[예컨대 회사채]까지를 다 합하면 5조 1천억 달러라는 진실로 엄청난 금액이 된다."[6]

정부의 이 모든 노력에도 불구하고 금융붕괴는 깊이와 넓이를 더해갔고, "실물경제"는 도처에서 심각한 위축의 증상을 보이고 있다. 2008년 9월 정부가 자동차업계에 250억 달러의 저리융자를 약속한 이후에도 미국의 주요 자동차 생산업체는 심각한 적자를 겪고 있다. 개인주택 건설은 26년 만에 최저치를 기록했다. 소비도 기록적인 감소를 보일 것으로 예상된다. 일자리는 급속하게 사라지고 있다.[7] 경제가 위축기를 벗어나 정상적으로 작동할 수 있을 만큼

안정을 회복하고 복합적인 파산상태가 치유된다고 하더라도 금융과 경제가 받은 심각한 충격으로 인해 1990년대 일본과 같은 깊고 장기적인 정체가 발생하거나 심지어 새로운 대공황이 찾아올 것이라는 우려가 기업세력의 핵심부에서 확산되고 있다.[8)]

위의 사례에서 보듯 금융위기는 우선은 현금 또는 유동성(자산이 신속하게 매각되어 비교적 안정적인 가격으로 쉽게 현금으로 전환되는 정도) 부족으로 인식되었다. 그래서 유동성 문제는 금융부문에 더 많은 돈을 쏟아붓고 금리를 내리면 해결될 수 있다는 생각이 지배적이었다. 그런데 지금 금융계란 곳에는 과거 어느 때보다 많은 달러가 모여 있지만 문제는 달러를 소유하고 있는 사람들이 상환할 것 같지 않은 사람들에게는 돈을 빌려주지 않으려 한다는 점이고, 오늘날 달러를 빌리고자 하는 사람들은 모두가 상환하기가 어려운 사람들이다. 미국과 영국의 금융기관들—그리고 각자의 영역에서 영향력을 가진 많은 금융기업들—의 대차대조표상의 자본은 그들의 자산인 대출(과 증권화된 대출)의 가치가 하락했기 때문에 사라져 버렸다.

회계상으로 보면 대부분의 미국 주요 은행들은 10월 중순 현재 채무초과 상태이며, 그 결과 재고 처리하듯 기업합병이 줄을 이었다(JP 모건 체이스가 워싱턴 뮤추얼과 베어 스턴스를 합병했고, 뱅크 오브 아메리카는 칸트리와이드와 메릴 린치를 흡수했으며, 웰스 파고는 와초비아를 합병했다). 이 모든 것들은 정부의 지원을 받는 한층 더 독점적인 은행부문을 만들어냈다.[9)] 주식매수와 정리통합을 통해 정부자본을 직접 은행에 주입하는 방식은 잘하면 엄청난 규모의 문제 있는 대출을 점진적으로 정리할 수 있는 시간을 벌어 지급능력을 회복시키겠지만 경제활동의 효율을 떨어뜨려 심각한 경기후퇴나 공황을 불러올 수 있다.

위기가 점점 악화되고 있는 상황에서는 하나의 구멍을 메우면 연이어 다른 곳에서 몇 개의 구멍이 또 터진다. 증권화된 주택담보대출, 소비자 및 기업부채, 그리고 이런 부채들을 지급불능시를 대비하여 보험과 함께 한데 묶은 금융상품(이른바 부채담보부증권) 등에서 발생한 손실이 도대체 얼마나 되는지는 아직 알려진 바가 없다. 이러한 핵심 금융상품은 최근 레만 브라더스의 파산과 메릴 린치의 흡수과정에서 10-20%로 재평가되었다.[10] 이러한 자산가치의 급격한 저평가가 모든 분야에 적용된다면 금융기관의 순자산기반은 소멸될 것이고, 따라서 그들의 지급능력도 없어질 것이다. 그래서 이런 상황이 되면 은행들이 어떤 행동을 취할지 존 메이너드 케인즈가 예측한 바 있지만, 지금 은행들은 케인즈가 예측한 바로 그대로 현금비축에 혈안이 되어 있다.[11] 이 모든 사태의 밑바탕에는 기반경제의 열악한 조건에 시달리는—수십 년 동안 동결된 실질임금과 늘어나는 소비자 부채로 고통받는—가계가 자리 잡고 있다.

"그것"과 최후의 대출자

이러한 사태발전의 역사적 의미를 제대로 이해하자면 미국과 여타 자본주의 정부의 "최후의 대출자"로서의 역할을 살펴보아야 한다. 이 역할은 처음에는 금융체계에 유동성을 제공하는 형태로 나타나고, 뒤이어 금융기관에 직접 자본을 주입하는 형태로 나타나며, 마지막으로는 필요한 경우 즉각적인 국유화로 나타난다. 자본주의 경제의 금융 상부구조가 재화와 용역을 직접 생산하며 경제학자들이 "실물"경제라고 부르는 기반경제에 대비해 지나치게 비대해졌음에도 불구하고, 근래에 들어와 자본주의 체제에 대한 궁극적인 신뢰감이 확산된 것은 최후의 대출자로서의 역할을 하겠다는 정부의 약속 때문이다. 자본의 입장에서 보자면 연방준비이사회와 여타 중앙은행들이 등장하여 긴급구조를 위해 할 수 있는 모든 일들을 하고 있는데도 자본주의 체제의 침몰을 막아내지 못한다면 이는 무엇보다도 두려운 일이라 할 것이며, 그런 상황은 예전 같으면 상상도 할 수 없었다. 그런데 연방준비이사회와 미국 재무부는 거대한 규모로 개입해 왔음에도 아직 위기의 전체 실상을 파악하지 못하고 있다.

일부에서는 이것을 "민스키 모먼트"(Minsky Moment)라 부른다. 금융불안정성 가설로 널리 알려진 하이만 민스키가 1982년에 근본적인 문제를 제기했다 : "그것—대공황—은 다시 일어날 수 있는가?" 민스키 자신이 지적한 바와 같이 이 질문에 대한 답변은 간단치 않다. 민스키가 제기한 문제의 핵심은 대공황 때에 그랬던 것처럼 금융붕괴가 이미 문제를 가진 실물경제를 붕괴시킬 것인지 여부였다. 본질적으로 불안정한 금융체계가 지난 수십 년 동안 덩치를 키워왔고, 그에 대응하여 정부의 최후의 대출자로서의 역할도 커져왔다. 민스키는 "금융불안정성의 과정은 분권화된 자본주의 경제—자본주의는 본질적으로 결함을 갖고 있다—의 불가피한 부분이지만 금융불안정성이 대공황으로 이어질 필요는 없다. '그것'은 일어날 **필요가 없다**"고 주장했다(굵은 글씨는 저자의 강조임).[12)]

이 말에 함축되어 있는 의미는 "그것"이 신속하고 과감하게 대처하지 않으면—금융폭발과 불안정성이 정부의 대처능력을 넘어설 때—지금도 **일어날 수 있다**는 것이다. 이론상으로는 자본주의 국가, 특히 사실상 세계의 통화를 통제하는 위치에 있는 미국은 그런 위기를 막을 수 있는 능력을 갖고 있다. 여기서 주된 관심사는 1930년대의 대공황에서 뿐만 아니라 1990년대 일본의 장기침체에서 경험한 대규모 "부채-디플레이션"[경제학자 어빙 피셔(Irving Fisher)가 대공황 때 설명한 현상]을 어떻게 막느냐 하는 것이다. 1933년에 피셔가 말한 바와 같이 이 상황에서는 "부채가 유발한 디플레이션이 부채에 반응한다. 상환되지 않은 부채 속의 달러 하나하나가 더 큰 달러가 된다. 만약 우리가 짊어지기 시작한 부채가 과다했다면 부채의 청산은 부채가 유발한 가격하락을 따라잡을 수 없다." 이것을 풀어서 말하자면 채무자들이 부채를 상환하기 위해 자산을 매각하면 가격은 하락하고, 가격이 하락하면 나머지 부채는 빌릴 때보다 높은 가치의 달러로 상환하지 않을 수 없고, 결국은 상환불능 상태가 늘어나고, 이것은 다시 가격을 하락시켜 디플레이션의 악순환이 발생한다는 것이다.[13)]

지금 미국의 경제는 그처럼 암울한 상황에 있지는 않지만 유령이 어른거리고 있다. 캐피털 이코노믹스 연구소의 수석 이코노미스트인 폴 애스워스(Paul Asworth)는 2008년 10월 중순에 이렇게 말했다 : "불완전고용률의 급속한 증가와 자본시장의 혼란, 그리고 그 밖에도 디플레이션의 징후들이 숱하게 나타나고 있다. 유일한 희망은 정책결정자들이 신속한 행동을 취해 이런 상황을 우선은 비켜가는 것이다." 『이코노미스트』지는 10월 초에 이런 경고를 보냈다 : "부국의 경제는 이미 이러한 '부채-디플레이션'의 가벼운 증상들을 겪고 있다. 주택가격의 하락과 신용위축이 어우러져 채무자들로 하여금 지출을 줄이고 자산을 매각하도록 압박하고 있는데 이것이 오히려 주택가격과 기타 자산시장이 더 하락하도록 내몰고 있다. … 소비자 가격의 전반적인 하락은 사태를 더욱 악화시킬 것이다."[14]

정부 최후의 대출자로서의 역할에 대한 믿음 때문에 미국 경제에서 이런 사태가 재발할 것이라고 우려하는 사람들은 많지 않은 것 같은데, 이런 믿음의 바탕에는 문제의 요체는 재정적인 것이며 언제나 그랬듯이 조금만 위험신호가 나타나도 돈을 쏟아부어 유동성을 유지하면 해결된다는 인식이 깔려 있다. 그래서 연방준비이사회의 의장 벤 버냉키는 2002년에 "디플레이션 : '그것'은 지금은 일어나지 않는다"라는 제목의 강연에서 금융불안정성이 증가하고 있음에도 불구하고 '그것'이 오늘날에는 일어나지 않을 것임을 확신할 수 있는 증거는 풍부하다고 주장했다 :

> **미국 정부는 인쇄라고 하는 기술을 갖고 있는데**(오늘날 이 기술에 필적하는 것은 전자기술이다), **이 기술을 이용하여 근본적으로는 아무런**

> 비용을 들이지 않고도 원하는 만큼의 달러를 찍을 수 있다. 달러의 유통량을 늘리거나 그렇게 할지도 모른다는 표시만 보여도 미국 정부는 재화와 용역의 구입에 지불되는 달러의 가치를 줄일 수 있는데, 이것은 그 재화와 용역의 달러 표시 가격을 올리는 것과 마찬가지이다. 불태환제도 하에서는 정부의 확고한 정책의지가 항상 더 많은 지출과 그로 인한 긍정적인 인플레이션을 만들어낼 수 있다.
> 물론 미국 정부는 닥치는 대로 돈을 찍지는 않을 것이다(그러나 뒤에서 보게 되겠지만 정부의 실제 정책은 이와 근접해 있다). 통상적으로 연방준비은행은 자산매입을 통해 경제에 돈을 주입한다. 단기금리가 제로에 이르렀을 때 합계지출을 자극하기 위해 연방준비은행은 자산매입의 규모를 확대하거나 매입자산의 종류를 확대해야 한다. 그 밖에도 연방준비은행은 체제 내에 돈을 주입할 수 있는 다른 수단을 찾을 수 있는데, 재정상의 권한을 이용해 은행과 기업에 저금리의 대출을 해주는 것이 한 예이다.[15)]

같은 연설에서 버냉키는 디플레이션을 피하기 위한 "현금 직접감세는" 기본적으로 밀턴 프리드먼의 유명한 '헬리콥터로 돈 뿌리기' 와 같은 것"이라는 말을 했고, 이 때문에 "헬리콥터 벤"이라는 별명을 얻었다.[16)]

대공황 연구를 통해 명성을 얻은 경제학자인 버냉키는 밀턴 프리드먼과 안나 슈워츠(Anna Schwartz)로 대변되는 영향력 있는 학파가 만들어낸 인물이다. 프리드먼과 슈워츠는 널리 알려진 저서 『미국 재정사, 1867－1960년』(*A Monetary History of United States, 1867－1960*)

에서 대공황의 원인은 재정이며, 통화정책만으로도 충분히 대처할 수 있었을 것이라고 주장했다. 두 사람의 주장에 따르면 시발점에서부터 통화의 수문을 열지 않았던 것이 경제적 침체가 그토록 심각해졌던 주요 원인이었다.[17] 버냉키는 대공황은 "실물"경제와 그것의 기초인 축적과정의 구조적 취약성에서 비롯된 것이라는 초기의 학설을 강하게 반대했다. 대공황의 단초였던 1929년 주식시장 붕괴의 75주년을 기념하는 연설에서 버냉키는 다음과 같이 말했다 :

> 대공황 당시와 그 후 수십 년 동안 대부분의 경제학자들은 재정적 요인이 대공황의 중요한 원인이 아니라고 주장했다. 예컨대 많은 연구자들이 대공황 시기에 금리는 제로에 가까웠다는 점을 들어 통화정책을 동원하기란 매우 쉬운 일이었는데도 경제에 구체적인 이점을 가져다 주지 못했다고 주장했다. 깊은 불황으로부터 경제를 구해내기 위해 통화정책을 동원하는 것은 흔히 "줄을 [당기는 것이 아니라] 미는 것"과 같다는 평가를 받았다.
>
> 대공황이 끝난 후 10년 동안 대부분의 경제학자들은 재정적 요인이 아니라 경제의 실물 측면의 사태발전을 들어 그 원인을 설명했다. 어떤 학자는 경기과열기인 1920년대에 있었던 과잉투자와 과잉건설이 기대했던 것보다 낮은 회수율을 냈고, 이것이 경제붕괴의 원인이었다고 주장했다. 한때 인기를 끌었던 또 다른 해석은 주기적인 "저소비"가 불황을 촉발했다는 것이다.[18]

이 모든 주장에 대한 버냉키의 강력한 반론은 재정적 요인이 사실상 대공황의 유일한 원인이었으며, 부채-디플레이션에 맞설 수 있는 거의 유일한 수단은 통화정책이라는 것이었다. 제조업의 과잉설비 같은 실물경제의 흐름은 전혀 언급할 필요가 없다는 것이다. 대공황은 아무리 양보하더라도 리플레이션으로 대응할 수 있는 디플레이션 성격의 위협에 지나지 않았다.[19] 또한 그는 자본주의 금융체계는 본질적으로 불안정하다는 민스키의 주장은 투기광풍과 연관된 경제적 비합리성에 대한 분석에 의존하고 있고, 따라서 신고전학파 경제학의 공식인 "합리적인 경제행위" 모델과는 동떨어진 것이기 때문에 고려할 가치가 없다고 주장했다.[20] 2002년에 버냉키는 프리드먼의 90회 생일을 기념하는 연설의 마지막을 다음과 같은 말로 장식했다 : "나는 밀턴과 안나에게 이렇게 말하고 싶습니다. 대공황의 원인에 관한 당신들의 분석은 옳았습니다. 그것이 일어났던 것은 유감이지만 당신들 덕분에 우리는 실수를 되풀이하지 않을 것입니다."[21] '그것'은 물론 대공황을 가리키는 것이었다.

2000년의 주식시장 붕괴가 있고 나서 중앙은행 내부에서는 경제적 파국을 막기 위해 장래에 있을지도 모르는 자산거품에 대비한 "선제공격"을 해야 하는 게 아니가 하는 논쟁이 벌어졌다. 정통파 경제학 이론을 대변하는 버냉키는 무엇이 거품인지 알아내기 어렵기 (경제기초나 새로운 비즈니스 모델이 금융팽창을 정당화해 줄 수 있기) 때문에 그런 시도를 해서는 안 된다는 쪽으로 토론을 이끌어 갔다. 뿐만 아니라 1920년대에 연방준비이사회의 정책이 (통화론자들의 해석에 따르면) 은행의 붕괴를 불러오고, 그로부터 대공황이 일어났던 전례를 볼 때 거품을 터뜨리면 파국이 일어날 것이라고 주장했다. 그의 결론은 이랬다 : "통화정책은 경제에 심각한 부차적 손상을 주는 위험을 피하면서 자산가격을 유도할 만큼 정교할 수는 없다. … 경제와 금융시장의 취약성을 제거하는 일은 절대로 불가능할지 모르나 우리는 우리의 자유–시장체제의 엄청난 장점을 희생시키지 않으면서 그것을 완화시킬 수는 있다." 요컨대 버냉키는 체제의 본질의 부분적인 정당성을 바탕으로 연방준비이사회가 주요 부문의 거품에 직면하여 취할 수 있는 최상의 정책은 최후의 대출자로서의 역할 이상을 하지 않는 것이라고 주장했다.[22]

주택거품이 최고조에 이르렀을 때 부시 대통령의 경제자문위원회 의장이던 버냉키는 눈을 질끈 감고 이렇게 말했다 : "주택가격은 지난 2년 동안에 거의 25%나 올랐다. 일부 지역에서는 투기행위가 있었지만 전국적인 차원에서 보자면 주택가격의 상승은 취업률과 소득의 증가, 낮은 주택담보대출 금리, 가구 형성률의 증가 등 경제 펀드멘탈이 건강함을 반영하고 있다."[23] 역설적이지만 바로 이와 같은 견해 때문에 버냉키는 2006년 초에 (앨런 그린스펀의 후임으로) 연방준비이사회 의장으로 지명되었다.

주택거품은 연방준비이사회가 인플레이션을 잡기 위해 금리를 올린 2006년 초부터 걷히기 시작했다. 그 결과는 주택건설 부문과 주택저당증권 시장의 붕괴였다. 2007년에 들어와 주요 금융위기에 직면한 버냉키는 연방준비이사회의 의장으로서 인쇄기의 가동률을 최대한 높이고 전 세계에 달러를 홍수처럼 흘려보냈지만 유감스럽게도 얼마 지나지 않아 자신이 "줄을 밀고 있다는" 사실을 알게 되었다. 아무리 유동성을 주입해도 진창에 빠진 금융기관의 지급불능 사태를 극복할 수 없었다. 은행들은 기간 만료된 대출의 갱신을 거부했고, 가능한 한 현금을 확보하려 했다. 금융위기의 여파가 미치지 않는 곳이 없었고, 대출위험도는 수직으로 상승했다. 이전에는 신용도가 좋았던 차입자들도 대부분 상환불능 직전까지 내몰리게 되었다. 케인즈가 가르쳐 주었듯이 유동성 함정이 발생했을 때는 인쇄기를 아무리 바쁘게 돌려봐야 현금비축만 늘어날 뿐, 늘어난 돈이 새로운 대출이나 소비 쪽으로 흘러가지 않는다.

여하튼 금융파열의 진정한 뿌리는 앞으로 보게 되겠지만 훨씬 더 깊은 곳에 닿아 있다. 그것은 생산과 투자의 정체이다.

금융의 외부폭발로부터 금융의 내부파열로

우리의 주장을 한 마디로 요약하자면, 최근 수십 년 동안 발생한 금융의 외부폭발과 현재 진행 중인 금융의 내부파열은 기반경제 내부의 정체경향과 연관하여 설명될 수 있다는 것이다. 현재의 위기에 대해서 다른 논법으로 설명한 경제학자와 박식한 언론도 있다[그들은 대부분 근본적인 원인(遠因)보다는 근인(近因)에 주목했다]. 그들이 열거한 요인은 금융체계에 대한 규제가 줄어들었다든지, 2000년의 "신경제" 주식거품이 터진 후 후유증을 수습하기 위해 연방준비이사회가 금리를 내렸다든지, 주택을 구입할 능력도 없고 대출조건을 제대로 이해할 수도 없는 사람들에게 "비우대금리" 주택담

[표 6.1] 국내 부채와 GDP*

(단위 : 조 달러)

	GDP	총 부채	부문별 부채 가계	금융기업	비금융기업	정부(지방·주·연방)
1970	**1.0**	**1.5**	0.5	0.1	0.5	0.4
1980	**2.7**	**4.5**	1.4	0.6	1.5	1.1
1990	**5.8**	**13.5**	3.6	2.6	3.7	3.5
2000	**9.8**	**26.3**	7.0	8.1	6.6	4.6
2007	**13.8**	**47.7**	13.8	16.0	10.6	7.3

* 정부부채 가운데서 연방정부 부채에는 산하기관이 보유한 부채는 포함되어 있지 않다. 이것을 포함하면 2009년의 연방정부 부채는 51조 5,000억 달러가 된다.

자료 : 연방준비이사회, 미국의 계정자금의 흐름, "신용시장 부채잔고," 표 L.1 ; 「대통령 경제보고서, 2008」, "GDP, 1959-2007," 표 B-1.

보대출 상품을 지나치게 많이 판매했다는 것 등이다.

주택담보대출을 한데 묶어 이것을 다시 "잘게 나누어" 전 세계의 기관투자자들에게 팔아먹은 기법에 대해서는 이미 집중적으로 조명한 바 있다. 물론 공공연한 사기수법에 대해서도 밝혀졌다. 주택건설 거품이 터진 후 폭락한 주택가격과 할부 상환금을 갚을 수 없는 수많은 주택담보대출의 차입자들, 이어진 대출기한의 조기 종결은 분명히 금융체계의 파국적 붕괴를 부른 요인이기는 했지만, 그것들은 이미 무거운 짐 때문에 쓰러지기 직전인 낙타 등에 올려진 마지막 지푸라기 한 가닥에 불과했다. 그리고 이제는 금융기업들이 집요하게 추구했던 규제철폐가 결국은 사태가 잘못되었을 때 그들 자신을 보호할 수 있는 수단을 거의 남기지 않았다는 사실을 모르는 사람도 없다.

[도표 6.1] GDP와 대비한 민간부문의 부채

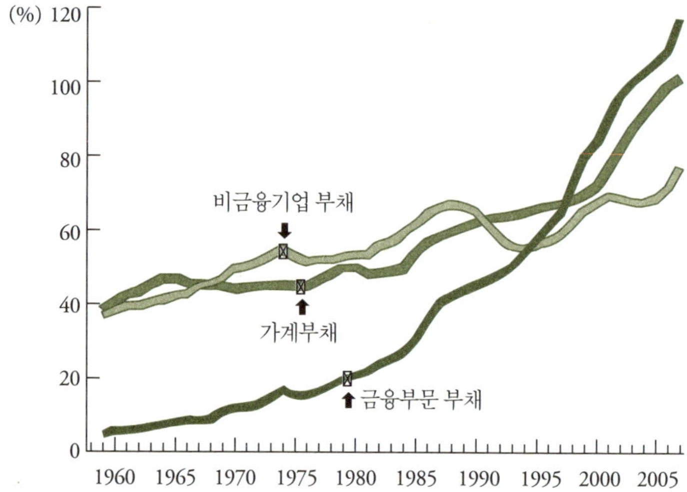

자료 : [표 6.1]과 동일함.

그러나 근본적인 문제의 뿌리는 훨씬 깊은 곳, 성장정체를 겪고 있는 실물경제에 있었다. 성장이 정체되자 자본은 곤경을 벗어나기 위해 금융에서 부채를 확대하여 투기적 이윤을 얻으려 하였고, 여기서 금융폭발이 촉발된 것이다. 지난 40년간 GDP에 대비하여 부채가 얼마나 가파르게 늘어났는지는 [도표 6.1] 에서 볼 수 있다. [도표 6.1] 에서 보듯이 이 기간 동안 자본주의 발전과정의 가장 뚜렷한 특징은 부채의 팽창이었다.

이와 같은 현상은 [도표 6.1] 에서 1960년대부터 현재까지의 국민소득에 대비한 민간부문의 부채가 가파르게 상승한 모양에서도 잘 드러나고 있다. GDP에 대비한 금융부문의 부채는 1960년대와 1970년대에 처음으로 상향곡선을 보이기 시작하다가 1980년대

[도표 6.2] 1930-2007년의 실질 GDP의 성장

(1970 = 100)

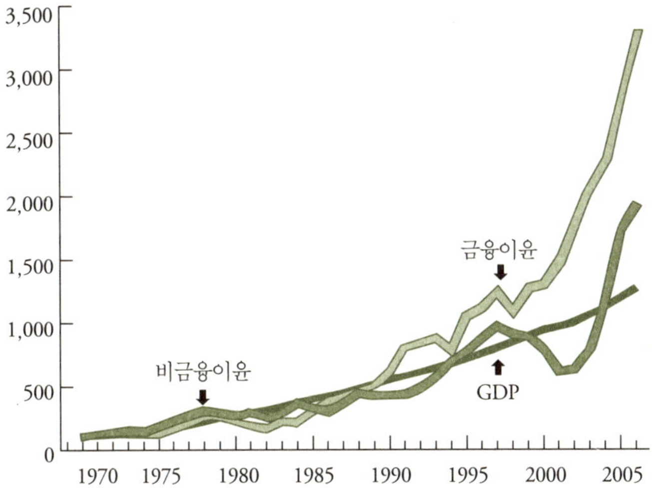

자료 : 2008 대통령 경제보고, "산업별 기업이윤(1959-2007)," 표 B-91과 "GDP, 1959-2007," 표 B-1.

에 들어와 상향세가 가속되었고, 1990년대 중반 이후로는 가파르게 상승했다. GDP에 대비한 가계부채는 1980년대부터 뚜렷한 상승곡선을 보이기 시작했고, 1990년대 말에 들어와서는 더욱 빠른 상승곡선을 나타냈다. 국민소득에 대비한 비금융기업의 부채도 상대적으로 덜 가파르기는 하지만 같은 기간 동안 상승했다. 이런 요소들이 합쳐져 국민소득에 대비한 민간부문의 부채가 크게 늘어났다. 여기에 정부(지방·주·연방) 부채를 더하면 문제는 더욱 심각해진다. 모든 부분을 합산했을 때 GDP에 대비한 총 부채는 1959년의 151 %에서 2007년에는 천문학적인 373%로 증가했다!

GDP에 대비한 누적적인 부채증가는 경제에 큰 자극을 주었

고, 그 중에서도 금융부문에 특별한 자극이 되어 거대한 금융이윤을 만들어내고 자본주의의 금융화(전체 경제 내부에서 생산으로부터 금융으로 무게중심의 이동)를 촉진시켰다. 가속적인 금융화의 과정을 시계열 지수(1970 = 100)를 적용하여 미국의 금융부문과 비금융부문의 이윤으로 대비한 것이 [도표 6.2]이다. 1970년부터 금융과 비금융부문의 이윤은 GDP와 같은 비율로 증가했다. 그런데 1990년대 말에는 미국의 금융부문 이윤이 (정도는 약하지만 비금융부문의 이윤도) 상대적으로 정체된 GDP 성장과는 관계 없이 독자적인 생명력을 가지고 치솟기 시작한다. 거대한 카지노에 뛰어든 기업들은 판돈을 마련하기 위해 갈수록 더 많은 부채를 동원했는데, 자기 돈으로 동원한 판돈이 1달러라면 빌린 돈은 30달러 이상이었다. 이것이 그들의 내기가 성공을 거두는 동안에는 예외적인 고이윤을 거두어들일 수 있었던 이유를 설명해 준다. 물론 금융의 성장은 미국에만 국한된 것이 아니라 전 세계적으로도 투기적 부가 생산을 압도하는 현상이 나타났으며, 모든 선진자본주의 국가와 신흥경제권에서 동일한 근본적 모순이 드러났다.

1980년대가 되자 정통적 사고에 얽매이지 않는 사람들에게는 이미 상황의 심각성이 분명히 보이기 시작했다. 이러한 상황을 주목한 『먼슬리 리뷰』의 편집자 해리 맥도프와 폴 스위지는 1988년에 그 전해에 일어난 주식시장의 붕괴를 분석하는 글에서 조만간—그 때가 언제일지, 정확하게 어떤 모습일지는 누구도 예측할 수 없었지만—최후의 대출자 역할을 무력하게 만들 금융체계의 주요 위기가 일어날 것 같다고 주장했다. 두 사람은 그 이유로서 불안정한 금융 상부구조가 그 무렵에는 정부의 권능으로도 대처할 수 없는 규모로, 특히 정부가 아무리 대규모의 재정을 투입하더라도 신속하고 결정적으로 개입하지 않으면 통제할 수 없는 규모로 커져버렸다는 점을 지적했다. 두 사람의 표현을 빌리자면 이후에 어떤 금융위기가 온다면 정부의 구원 노력은 "1987년 주식시장 붕괴 때와 마찬가지로 모호한 효력을 보일 것이다. 그렇다면 우리는 보다 높고도 불안정한 수준에서 똑같은 과정을 되풀이하게 될 것이다. 그러나 조만간, 어쩌면 지금 진행 중에 있는지도 모르지만 그런 정책은 성공하지 못할 것이며", 경제에 심각한 위기를 초래할 것이다.

장래에 일어날 금융 눈사태의 한 예로서 두 사람은 "도쿄 주식시장의 고공행진"이 어쩌면 중요한 금융 내부파열의 전주곡이며 심각한 정체가 뒤를 이을 것이라고 지적했다. 그들의 경고는 현실로 구체화되었고, 일본은 금융위기와 1990년대의 "장기불황"을 경험하게 된다. 자산가치(주식시장과 부동산 모두)는 2년치의 GDP를 합한 금액보다 더 많이 하락했다. 금리가 제로가 되고 부채-디플레이션이 일어나자 일본은 이미 생산부문의 설비과잉의 늪에 빠진 경제가 재가동할 출구를 찾지 못하는 고전적인 유동성 함정에 빠졌다.[24]

맥도프와 스위지는 미국의 주식시장 붕괴 직후인 1987년에 발표한 글에서 다음과 같이 썼다 :

금융이 지배하는 오늘날 기반경제의 잉여가치의 성장은 화폐자본의 축적을 따라가지 못하고 있다. 잉여가치의 기반을 갖지 못한 상황에

> 서 쌓여 있는 화폐자본은 갈수록 이름뿐인 존재, 사실상 허상이 된다. 이런 화폐자본은 자산가치가 지속적으로 팽창할 것이라는 기대를 가지고 문서상의 자산을 사고 파는 일에 나서게 된다. 달리 말하면, 지금 우리가 목격하고 있는 바와 같이 자산가치는 (실제로는 등락하고 있는데도) 영원히 한 방향, 위로만 나아갈 것이라는 믿음을 바탕으로 투기가 벌어지는 것이다! 이런 배경을 염두에 두고 본다면 [1987년] 10월의 주식시장 붕괴는 심대한 의미를 갖는다. 그것은 자산가치의 끝없는 상향이동의 허구를 드러냄으로써 현대 경제의 비합리성의 핵심을 폭로한 사건이다.[25]

투기거품과 관련된 모순은 물론 역사적으로 볼 때 자본주의의 풍토병과 같은 것이다. 맥도프와 스위지, 그리고 민스키가 지적한 바이지만 제2차 세계대전 이후 부채는 점차로 팽창했고, 이것은 누적적이며 갈수록 위험한 문제로 변했다. 『번영의 종말』(*The End of Prosperity*)이라는 저서에서 맥도프와 스위지는 이렇게 썼다 : "부채가 강제적으로 청산되거나 또는 급격하게 감소하는 심각한 정체가 없는 상황에서 정부가 금융체계의 붕괴를 막기 위해 취하는 조치들은 더 많은 부채가 쌓이는 기초를 놓는 일에 불과하며 장래에 경제가 발전하는 데 장애가 될 뿐이다." 민스키는 이것을 다음과 같이 표현했다 : "투기적 모험이 성공할 것이라는 믿음을 상쇄시켜 주는 위기와 부채-디플레이션 과정이 없으면 가격의 상향 편향성과 금융의 고속증식이 유발된다."[26]

주류 경제학자들과 경제분석가들이 이런 불편한 진실을 전혀 직시하려 하지 않았기 때문에 그들의 주장은 곧 잊혀졌다. 금융의 놀랄 만한 성장은 때때로 불안감을 불러 일으키지 않을 수 없었음에도 불구하고—예컨대 앨런 그린스펀은 “비이성적 과열”이라는 유명한 표현을 썼다—부채의 증가와 투기는 위험관리 기법의 혁명과 함께 등장한 사업방식의 지속 가능한 구조변화, 다시 말해 금융시장 혁신의 새로운 시대가 열렸음을 의미하는 징표로 받아들여졌다(물론 그린스펀 자신도 이와 같은 해석에 동조했다). 금융화 덕분에 가능해진 “신경제”에 너무나 매료되었던 그린스펀은 2004년에 이런 말을 하였다 : “개별 금융기관들이 위험요소들의 충격으로부터 덜 취약해졌을 뿐만 아니라 금융체계 전체의 탄력성이 더 높아지게 되었다.”[27]

2007년에 시작된 금융위기가 2008년까지 수그러들지 않자 놀랍게도 금융분석가들은 지금까지와는 정반대의 견해를 공개적으로 말하기 시작했다. 인도의 투자가 웹사이트 Livemint.com(월스트리트 저널의 제휴사)의 경제 칼럼니스트 마나스 차크라바르티(Manas Chakravarty)는 월스트리트의 위기에 관하여 2008년 9월 17일에 다음과 같은 글을 올렸다 :

> **오래 전에 미국의 경제학자 폴 스위지는 정체와 거대한 금융투기는 깊고도 교정 불가능한 경제적 곤경과 공생관계에 있다고 지적했다. 그는 기반경제가 정체되면 기업은 화폐자본을 보존하고 확대하기 위해 점차 금융의 성장에 의존하게 되며, 경제의 금융 상부구조는 생산경제라는 기반과는 전혀 독립적으로 팽창할 수는 없다고 지적했다.**

> 그러므로 스위지가 투기거품의 붕괴는 반복적으로 일어나며, 일어날 때마다 더 커진다고 말한 것은 놀라운 예지력이라 하지 않을 수 없다.[28)]

물론 스위지는 폴 배런과의 공저 『독점자본』을 통해, 그 후 맥도프와 공동집필하여 『먼슬리 리뷰』에 게재한 논문을 통해 정부지출(특히 군사지출), 기업의 판매확대 노력, 새로운 기술혁신에 의한 자극 등과 같은 다른 형태의 잉여 흡수방식도 있다고 지적했다.[29)] 그러나 이와 같은 방식은 중요하기는 하지만 경제를 완전고용 수준으로 유지시키기에는 충분하지 못한다는 것이 증명되었고, 1970년대가 되자 자본주의 체제는 점차로 깊어가는 정체(또는 스태그플레이션)의 늪에 빠져들었다. 이런 상황에서 양적인 면에서 수요를 자극하는 가장 중요한 수단으로 등장한 것이 금융화였다. 그러나 결산을 해보면 파산상태가 드러나는 때가 언젠가는 오게 되어 있었다.

실제로 일부 주류 경제분석가들은 2008년이 되자 자본주의 체제의 대규모 평가절하가 불가피할지 모른다는 견해를 내놓기 시작했다. 도이체 방크(Deutsche Bank)의 수석 신용분석가 짐 라이트(Jim Reid)는 [도표 6. 2]에서 나타난 GDP와 금융이윤의 관계를 검토한 후 "1조 달러로 역전시킬 수 있는가?"라는 제목의 분석 보고서를 내놓았다. 이 보고서에서 그는 다음과 같이 주장했다 :

> 누적적으로 보아 지난 10년 동안 미국의 금융이윤은 평균으로부터

큰 편차를 보였다 … 미국의 금융부문은 지난 10년 동안 명목 GDP와 비교할 때 약 1조 2,000억 달러의 "초과"이윤을 만들어냈다. … 그러므로 평균회귀 이론(mean reversion : 금융시장의 이윤은 장기적으로 볼 때 평균선 또는 추세선으로 회귀한다는 이론)을 적용한다면 미국의 금융부문은 지난 10년 동안의 초과이윤 1조 2,000억 달러를 걷어내야 정상화될 수 있다. … 이런 상황에서 … 블룸버그는 미국의 금융기업들이 이번 위기 동안에 1,840억 달러의 자산을 재평가 상각하였다고 보도했다. 금융부문의 규모가 10년 전의 수준으로 돌아가야 온당하다고 생각하는 사람이라면 금융이윤의 장기 추세선으로 회귀하기 위해서는 추가적으로 1조 달러의 자산 재평가가 있어야 한다는 결론에 이를 것이다. 이러한 재평가를 저지하자면 정부 당국이 장기적이고도 상시적으로 개입해야 한다고 걱정하는 의견이 있는데, 아마도 이 견해는 옳은 것 같다. "새로운 세계"에서 금융부문의 적절한 규모를 찾아내는 일이 금융부문이 계속 작동하기 위해서는 어느 정도의 이윤파괴가 이루어져야 하는지를 결정하는 열쇠가 될 것이다.

금융이윤은 전체 경제의 장기 추세선을 따라간다는 평균회귀 이론은 임박한 변화의 범위를 암시하는 것에 불과하다. 라이트도 소극적이나마 인정한 바이지만 금융의 상대적인 무게를 설명해 줄 수 있는 "실물세계"의 이성이 존재한다고 보았다. 그가 인정한 바와 같이 "경제의 다른 부문과 비교하여 금융의 '자연스러운' 적정 규모를 계산한다는 것은 대단히 어려운 수수께끼와 같다." 사실상 "자연스러운" 수준이 실제로 존재하는지도 의문이다. 그러나 체제가 다시 작동하기 전에 대규모의 "이윤파괴"가 일어날 수 있으며, 따라서 "이러한 있을지도 모를 파괴를 저지하기 위해 정부 당국이 상시적으로 개입하는 시기가 장기간 지속"되리라는 예측을 내놓은 것은 위기가 일반적인 관측보다는 훨씬 심각함을 강조하기 위함이었고, 실제로 머지않아 그렇게 되었다.[30)]

이러한 예측이 암시하는 바는 [맥도프와 스위지가 20세기가 저물 무렵에 주장했듯이] 기반경제로부터 금융의 독자성이라는 절대적이라기보다는 상대적인 것이며, 궁극적으로는 경제의 중요한 후퇴국면—단순히 하나의 거품이 꺼지고 새로운 거품이 일어나는 것이 아닌—이 불가피하다는 점이었다. 자본주의 체제가 이 후퇴국면을 방치하면 할수록 그 파괴적인 영향은 더 커질 것이다. 그렇지만 맥도프와 스위지가 지적했듯이 금융화는 상당기간 지속될 것이다. 그리고 자본주의는 이 문제에 대한 해답을 갖고 있지 않다.

실물경제로의 복귀 : 정체문제

폴 배런, 폴 스위지, 해리 맥도프 세 사람은 1960년대부터 1990년대에 이르기까지 정체란 독점-자본경제의 정상상태란 주장을 끊임없이 해왔다(특히 『독점자본』을 통해). 이들은 1950년대와 1960년대의 경제적 번영은 다음과 같은 몇 가지 일시적인 역사적 요인들 때문에 가능했다고 지적했다 : (1) 전쟁 시기의 소비자 저축의 증대, (2) 미국에서의 자동차화의 두 번째 물결(유리, 강철, 고무산업의 확

[표 6.2] 1930-2007년의 실질 GDP의 성장

	연평균 %
1930년대	1.3
1940년대	5.9
1950년대	4.1
1960년대	4.4
1970년대	3.3
1980년대	3.1
1990년대	3.1
2000-2007년대	2.6

자료 : 경제분석청, 국민소득과 생산계정, "전기와 대비한 실질 GDP 성장률의 변화," 표 1.1.1.

장과 전국적인 고속도로망의 건설, 교외지역의 개발을 포함한), (3) 전쟁으로 파괴된 유럽과 일본 경제의 재건, (4) 냉전 시대의 군비경쟁, (5) 매디슨 애비뉴의 성장으로 대표되는 기업의 판매확대 노력, (6) FIRE(금융, 보험, 부동산)의 팽창, (7) 기축통화로서의 달러의 패권적 지위. 이러한 요소들로부터 나온 예외적 자극이 사라지자 경제는 정체상태로 복귀했다. 마지막까지 경제를 침체상태에 빠지지 않게 버텨주었던 것은 군비지출과 부채/투기의 폭발이었다. 그러나 이런 것만으로 정체경향의 재등장을 막아주기에는 충분하지 못했고, 시간이 흐를수록 문제는 악화되었다.[31]

10년 단위로 미국 경제의 실질 성장률을 보여주는 [표 6.2] 는 알아차리지 못한 사이에 정체가 우리 곁에 와 있음을 말해준다. 1930년대의 낮은 성장률은 대공황 시기의 심각한 정체를 반영하고

있다. 뒤이은 1940년대에 미국 경제는 제2차 세계대전의 영향을 받아 예외적인 성장을 보였다. 지금은 흔히 경제적 "황금 시대"라고 부르는 1950-1959년 사이에 미국은 위에서 말한 특수한 역사적 요인들로 인해 "평화시"에 뛰어난 경제성장을 이루었지만 이것은 일시적인 현상에 불과했음이 밝혀지게 된다. 1970년대와 그 이후의 급격한 성장률 하락은 1950년대와 1960년대에 경제성장을 자극했던 주요 요인들이 사라지자 경제는 다시는 이전의 번영기로 돌아가지 못하고 저성장 추세가 공고하게 유지되었음을 나타낸다.

최근 이단적인 경제학자 리카도 벨피오레(Riccardo Bellfiore)와 조셉 할레비(Joseph Halevi)는 1970년대부터 시작된 경제의 정체가 "새로운 금융화된 자본주의 체제"를 등장시킨 현실을 두고 주로 "자산거품 덕분에" 수요가 촉발된 "역설적인 금융 케인즈주의"라고 표현했다. 뿐만 아니라 1980년대부터 나타나기 시작한 그러한 거품을 발생시키는 데는—자본축적 과정 자체가 약화되었음에도 불구하고(또는 그렇기 때문에)—금융-독점자본을 내세워 세계의 유효수요의 촉매역할을 해왔던 미국이 주도적인 역할을 맡았다.[32] 그러나 금융화된 성장 패턴은 잠시라고 할지라도 신속한 경제성장을 이루어낼 수도 없었고, 지속 가능한 성장을 뒷받침하지도 못했으며, 다만 주기적으로 터지는 더 큰 거품을 만들어내기만 했는데, 그때마다 정체는 표면 쪽으로 더 가까이 떠올랐다.

이 모든 과정을 극명하게 보여주는 데이터가 미국의 국민소득에서 차지하는 임금과 급여의 비중이 극적으로 떨어진 점이다. 정체는 1970년대에 자본으로 하여금 이윤을 올리기 위해 노동비용

[도표 6.3] GDP에 대비한 임금과 급여지출

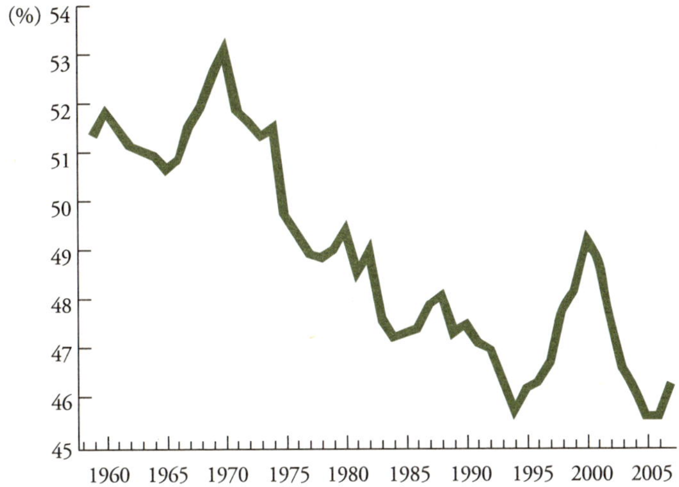

자료 : 「대통령 경제보고서, 2008」, "GDP, 1959–2007," 표 B–1과 "개인소득 원천, 1959–2007," 표 B–29.

을 떨어뜨리려는 계급전쟁을 벌이게 하였다. 그 결과가 수십 년에 걸쳐 심화된 불평등이다.[33] [도표 6.3]은 1960년대와 현재 사이에 GDP에 대비한 임금과 급여의 비중이 급격하게 하락했음을 보여준다. 이것은 지난 수십 년 동안 생산성과 이윤이 크게 상승했음에도 불구하고 미국의 민간 비농업 노동자의 실질임금이 (1982년 달러가치를 기준으로) 1972년의 시간당 8.99달러로 정점에 올랐다가 2006년에는 (1967년의 실질 시간당 임금과 대등한) 8.24달러로 떨어진 사실을 반영하고 있다.[34]

이것은 소득과 부의 재분배가 상향으로 이루어진 결과의 한 부분이었다. 1950년대에서 1970년대 사이에 하위 90%의 소득자들이 1달러를 더 벌어들일 때 최상위 0.01%는 168달러를 더 벌어들였다. 그런데 1990년과 2002년 사이에는 하위 90%의 소득자가 1달러를 추가적으로 벌어들일 때 최상위 0.01%(오늘날 이들의 숫자는 대략 14,000가구이다)는 18,000달러를 더 벌어들였다. 미국에서는 2001년 현재로 상위 1%의 부유층이 하위 80% 인구가 소유하고 있는 부의 2배 이상을 소유하고 있다. 1983년에서 2001년 사이에는 상위 1%가 국민소득 증가분의 28%, 순자산 증가분의 33%, 전체 금융자산 증가분의 52%를 소유했다.[35)]

정말로 놀라운 것은 이런 상황에서도 가계소비가 1960년대 초부터 1970년대에 이르기까지에는 GDP 대비 60%를 약간 상회하던 것이 2007년에는 약 70% 수준으로 증가한 점이다. 이런 일이 가능하게 된 데는 2인 소득자 가구가 늘어났고(여성 노동자 수가 크게 늘어났다) 복수의 일자리를 가진 사람들이 더 많은 시간 노동했기 때문이다. 또한 주택거품의 후반기에 주택가격이 급격하게 오름에 따라 소비자들은 자산증가분(이른바 주택 "부의 효과")에 기대어 더 많은 돈을 빌려 가계부채가 일시에 늘어났다. 이런 과정은 거품이 터지자 순식간에 끝이 났고 주택가격은 하락하기 시작했다. [도표 6.1]에서 보듯이 가계부채는 GDP 대비 1960년에는 약 40%이던 것이 2007년에는 100%로 늘어났는데, 특히 1990년대 말부터 가파르게 늘어나기 시작했다.[36)]

가계부채의 팽창을 바탕으로 한 소비성장은 경제의 아킬레스건임이 밝혀지게 된다. 주택거품은 급격하게 늘어난 주택담보대출을 바탕으로 한 것이었을 뿐 실질임금은 수십 년 동안 근본적으로 동결되어 있었다. 한계에 내몰린 신규 주택 소유자들 가운데서 상

[도표 6.4] 산업설비의 가동률(%)

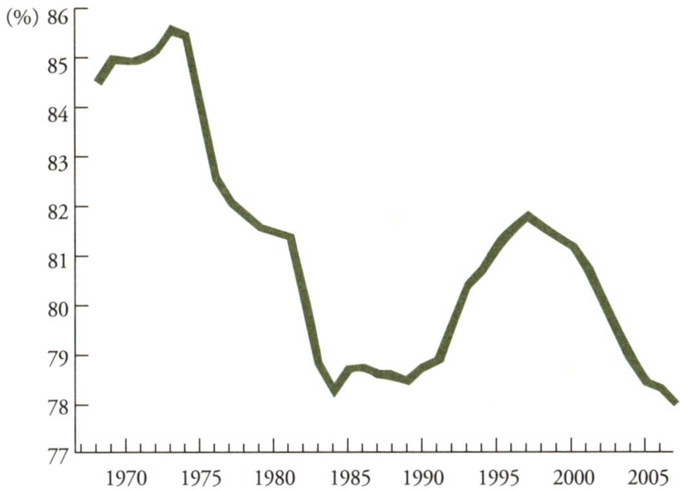

자료 : 「대통령 경제보고, 2008」, "1959-2007년 설비가동률," 표 B-54.

환불능 사태가 속출하자 주택가격은 하락했다. 이렇게 되자 주택가격보다 더 많은 부채를 가진 주택 소유자가 증가했고, 따라서 더 많은 상환 불능자와 주택가격 하락이 발생했다. 은행은 자신의 재무상태를 개선하기 위해 신용카드 부채의 기한연장을 거부했다. 이제 소비는 떨어지고, 일자리도 날아갔으며, 자본지출은 미루어지고 전례 없이 장기간 지속되는 하향 악순환이 시작되었다.

지난 30여 년 동안 경제적 잉여를 지배하고 있던 기업, 보험회사나 연금기금 같은 기관투자가들이 색다른 금융상품을 구매하는 일에 돈을 쏟아부었다. 막대한 경제적 잉여 가운데서 투자를 확대하는 데 투입된 부분은 얼마 되지 않았다. 그나마 확대 재생산보다는 노후설비를 교체하는(비록 신기술을 적용하기 위한 것이기는 하지만) 단순 재생산에 집중되었다. 생산품에 대한 수요를 찾지 못한 기업들은—이런 현실은 제조업 설비 가동률이 장기간에 걸쳐 하락한 데서 잘 드러나고 있다([도표 6.4]를 보라)—따라서 수익성 있는 투자 기회의 부족에 직면했고, 순자본 형성과정은 갈수록 문제에 부닥쳤다.

이처럼 이윤의 출구(出口)는 갈수록 생산설비의 확장으로부터 멀어져 금융투기 쪽으로 옮겨갔고, 이에 발맞추어 금융부문에서는 이런 화폐자본을 활용하기 위한 금융상품을 무한정 만들어냈다. (이런 현상은 미국에만 국한된 것이 아니라 전 세계적으로 나타났고, 마침내 버냉키는 막대한 금액의 자본이 투자를 대기하며 세계를 돌아다니다가 결국은 금융화의 선두주자인 미국으로 몰려드는 현상을 "전 세계적 저축과잉"이라고 표현하기에 이른다.)[37] [도표 6.5]는 GDP에 대비하여 최근 수년 동안 이윤이 급속하게 순투자로부터 떨어져 나온 현상을 잘 보여주고 있다. [도표 6.5]에서는 GDP에 대비한 이윤의 비율이 1960년대 말과 1970년대 초 이후로 가장 높은 수준에 접근하는 동안에도 국민소득에 대비하여 민간 비주거용 순 고정투자가 상당한 폭으로 하락하는 모양이 드러나 있다. 이것을 마르크스가 사용한 용어를 빌려 표현하자면 "자본의 일반공식" [M(화폐 : money)−C(상품 : commodity)−M′(당초 투입화폐 + 잉여가치)]—여기서는 이윤의 생산과정에서 상품이 중심역할을 한다—이 화폐자본만 순환하는 [M−M′]—여기서는 화폐는 생산과 관련 없이 단순히 더 많은 화폐를 거두어들인다—으로 전환한 것이다.

자본이 실물경제의 정체경향에 대응하는 방식이 금융화라고

[도표 6.5] GDP에 대비한 이윤과 순투자의 비율(1960년 이후)

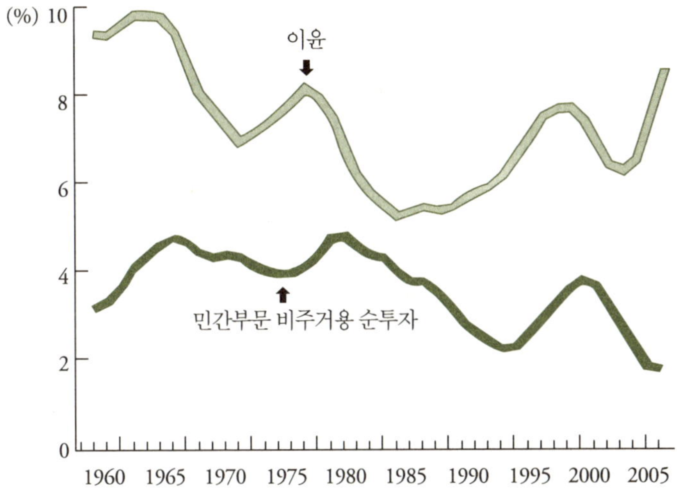

자료 : 경제분석청, 국민소득과 생산계정, "주요 유형별 총 국내투자와 순 국내투자, 1929–2006년 사이의 연도별 데이터," 표 5.2.5 ; 「대통령 경제보고, 2008」, 표 B–1 (GDP)과 표 B–91 (국내 기업이윤).

한다면 금융화의 위기는 선진자본주의 경제의 풍토병인 기반경제의 정체로 이어지지 않을 수 없다. 최근 수십 년 동안 쌓인 막대한 부채를 줄이는 일이 위기를 더욱 심각하게 만들고 있다. 뿐만 아니라 금융화의 위기를 맞은 독점–금융자본은 출로를 찾지 못하고 있다. 그렇다면 당장의 평가절하의 위기가 안정되더라도 경제는 최상의 경우에 단기간 미미한 성장을 보이면서 실업과 불완전고용, 그리고 과잉설비에 시달릴 것이다.

(막대한 경상수지 적자 덕분에) 미국의 소비가 기타 국가의 생산에 결정적인 영향을 미쳐왔다는 사실은 미국이 침체에 빠지자 전 세계가 금융 청산문제로 이미 곤경에 처해 있다는 것을 의미한다. "신

흥"경제와 저개발국가들은 수출감소, 상품가격 하락, 불안정하고 고도로 착취적인 경제기반 위에 수립된 금융화의 반작용 같은 여러 가지 어려운 문제를 한꺼번에 경험하고 있으면서 다른 한편으로는 중심부 국가의 새로운 제국주의적 압력에 시달리고 있다.

중심부 국가들 자신도 문제에 시달리고 있다. 탄광 속의 카나리아로 비유되어 왔던 아이슬란드는 전면적인 금융붕괴를 겪으면서 외부세계의 도움을 요청하고 있는데, 외국의 민간 연금기금이 이 나라를 대거 습격하고 있다. 극우 보수정당인 독립당이 중심이 되어 중도 사회민주주의 정당과 연정으로 17년 넘게 아이슬란드를 이끌어 왔다. 이 정권 하에서 아이슬란드는 신자유주의 금융화 투기정책을 철저하게 받아들였고, 그 결과 은행과 금융부문이 과도하게 비대해져 이들이 보유한 자산이 GDP 대비하여 2000년 현재 96%이던 것이 2006년에는 900%로 늘어났다. 이런 과정에 아무 책임도 없는 아이슬란드의 납세자들이 은행이 갖고 있는 해외투기성 부채를 갚아야 했고, 결국 아이슬란드 국민의 생활수준은 극도로 나빠졌다.[38)]

정치경제

소유적 개인주의를 옹호하던 아담 스미스, 데이비드 리카도, 토마스 맬서스, 존 스튜어트 밀은 물론이고 사회주의 사상가인 칼 마르크스 같은 학자들이 활동하던 고전 시대에 경제학은 정치경제로 불렸다. 이런 명칭은 경제의 계급적 기반과 국가의 역할을 함축하고 있으므로 중요한 의미를 갖는다.[39] 아담 스미스가 종래의 군주의 보이는 손을 대체한 시장이라는 "보이지 않는 손"이라는 개념을 도입한 것은 사실이다. 그러나 스미스뿐만 아니라 모든 고전적 경제학자들의 저서는 모두 경제의 정치-계급적 성격을 담고 있었다. 마르크스의 표현을 빌리자면, 1820년대에는 정치경제학자들 사이에서 다양한 계급을 대변하는 "화려한 경쟁"이 벌어지고 있었다.

그런데 1830년대와 1940년대 이후로 노동계급이 사회 내에서 하나의 세력으로 자리를 잡고 (옥수수법의 폐기를 계기로) 지주계급을 대체한 산업 부르주아지가 국가의 통제권을 확고히 장악하게 되자 경제학은 "교회 옹호론자들의 비양심과 악의"에 대한 대항적 태도를 거두어들였다.[40] 경제생활의 순환은 점차로 개인, 소비, 생산, 이윤이라는 동인들만 작용하는 과정으로 개념이 재정립되어 갔다. 이리하여 계급이라는 개념은 경제학에서 사라졌지만 새로이 등장한 사회학이라는 학문이 (근본적인 경제적 관계는 제거한 채로) 그 개념을 받아들였다. 국가도 이제 경제학과는 직접적인 관련이 없는 것으로 인식되었고, 정치학이라는 새로운 분야가 국가의 역할을 다루기 시작했다.[41] 이런 과정을 거치면서 경제학이 갖고 있던 계급적 · 정치적 요소는 "숙청"되었고, 경제학은 자본과 시장의 관계라고 하는 보편적 · 통사적 법칙만을 다루는 "중립적" 과학으로 변해갔다.

사회 내에서 의미 있는 뿌리를 상실한 채 단일영역으로만 자신의 존재를 표현하는 정통 신고전학파 경제학은 대체적으로 무의미한 추상적 원칙, 기계적 모델, 형식적 방법론, 그리고 수학적 언어가 지배하는 학문이 되어 역사발전과 유리되었다. 경제학은 현실세계를 다루는 과학이면서도 자기확신적인 이데올로기의 역할에 몰두했다. 그동안에 현실세계의 경제활동은 정통 경제학의 이론과는 상관 없이 (또는 의도적으로 그것을 무시한 채) 자기 식으로 나아갔다. 이식된 경제학으로서는 대공황의 교훈—계급기반의 축적체계가 그 독점단계에서 나타나는 본질적 결함—을 배울 수 없었고, 이런 경제학은 진정한 문제는 재정-금융경제에 있는 것이 아니라 실물경제에 있다는 사실을 무시하는 경향을 갖고 있었다.

대공황의 원인을 과잉설비와 수요 감소에서 찾는 전통적 이론을 무시한 버냉키의 근시안은 언급할 필요조차 없지만, 문제는 그런 근시안적 안목으로 현재의 위기를 분석하는 일이 되풀이되고 있다는 점이다. 스승인 밀턴 프리드먼과 마찬가지로 지난 수십 년 동안 주류 신자유주의 경제이론을 지지해 온 버냉키는 "산사태를 일으키는 바위 하나"를 치워두면 "대규모의" 금융 눈사태는 영원히 피할 수 있다는 주장을 굽히지 않고 있다.[42] 그는 밑바닥의 상황변화, 그것도 실물경제 분야에서 오랜 시간에 걸쳐 일어난 변화에 대해서는 전혀 개의치 않고 있다. 바클리스 캐피털의 수석 이코노미스트이던 해리스(Ethan Harris)가 말했듯이 대공황의 전문 연구자인 버냉키가 자산거품과 관련된 것이면 "불길한 징조는 보지도, 듣지도, 말하지도 않으려는" 정책을 채택하고 있다는 것은 아이러니가 아닐 수 없다.[43]

이제 우리는 정반대의 견해, 다시 말해 체제의 사회경제적 모순을 강조하는 주장에 귀를 기울여야 한다. 1930년대에 대공황이 발생하자 케인즈학파, 제도학파, 마르크스학파들의 저서에서 정치-경제학적 관점이 부활한 적이 있다(그 중에서 가장 중요한 인물이 폴란드의 경제학자 미칼 칼레츠키이다). 그러나 제2차 세계대전 이후 케인즈주의는 체제 내로 흡수되었다. 케인즈의 젊은 동료 조안 로빈슨(Joan Robinson)의 표현을 빌리자면 "신고전학파-케인즈학파 통합"이라는 것이 나와 케인즈주의를 타락시켰고, 또 한편으로는 군사적 케인즈주의가 등장하게 된 것도 그 원인이었다.[44] 결국에 가서는 1970년대에 발생한 스태그플레이션에 대응하는 과정에서 재정주의가 득세했고, 이에 편승하여 보수적 자유시장론자들이 공급자 측면 이론, 이성적 기대, 신고전경제학(줄여서 말하자면 정통 신자유주의) 등의 이데올로기를 들고 나왔다. 경제학은 자신의 명백한 정치-경제적 신분을 상실했고, 그 결과 세계는 계급과 권력의 영향으로부터 벗어난 자기규제적이며 자기평형적인 자유시장이라는 신화에 다시 한 번 속아 넘어갔다. 이런 신화에 의문을 제기하는 주장에는 경제학적 논의가 아니라 정치적 논의라는 낙인이 찍혔고 주류 경제학의 논쟁에서 축출당했다.[45]

말할 필요도 없겠지만 경제학이 정치적이 아니었던 적은 한 번도 없다. 새롭게 학문으로 성장한 정치학이야말로 경제권력과 너무나 긴밀하게 연결되어 있기 때문에 둘 사이를 구분할 수 없을 정도이다. 아담 스미스의 군주라고 하는 보이는 손은 보이지 않는 손으로 변했지만, 그것은 시장의 손이 아니라 시장과 경쟁이라는 장막 뒤에 숨겨진 자본가계급의 손이었다. 그래서 중요한 경제위기가 닥쳐와 그 장막의 일부가 걷혔을 때는 언제나 계급권력의 실상이 드러났다.

2008년 9월 재무장관 폴슨이 금융체계의 붕괴를 막기 위한 긴급구제자금 7천억 달러를 의회에 요청한 일은 경제문제에 대한 대중적 인식의 전환점이 되었을 것이다. 이제 대중은 오랜만에 정치경제의 의미를 알게 되었고, 따라서 분노를 느꼈을 것이다. 이제 온 세상 사람들이 심각한 정체와 금융위기 가운데서 핵심적인 질문이 무엇인지를 알게 되었다. 누가 대가를 치러야 하는가? 자본주의 체제가 내놓는 답이란 으레 그렇듯 똑같다 : 비용은 책임 없는 밑바닥 사람들이 비대칭적으로 감당해야 한다. 이윤은 사유화하고 손실은 사회화하는 오랜 게임이 수도 없이 되풀이될 것이다. 대중은 체제 전체를 유지하기 위한 "비용을 지불"하기 위해 "허리띠를 졸라매라"는 얘기를 듣게 될 것이다. 다가올 몇 개월 또는 몇 년 동안 대중이 이 속임수를 얼마나 꿰뚫어 볼 수 있을지는 노동조합과 사회운동가들의 대대적인 교육활동에 달려 있으며, 한편으로는 이번 위기를 통하여 자본의 제국주의적 본모습이 얼마나 폭로되느냐에 달려 있다.

현재의 경제위기와 정치적 유린행위가 역사과정의 연속성에 근본적인 단절을 일으켰음은 의심의 여지가 없다. 진보세력은 이 위기를 어떻게 접근해야 할까? 무엇보다도 먼저 우리가 직면한 심각한 경제문제를 일종의 "자연재해"로 포장하려는 시도를 막는 것이 중요하다. 우리는 명분을 갖고 있고, 그 명분은 체제 자체의 결함을 지적하는 것이다. 그리고 경제의 최상층부에 있는 사람들은 분명히 위기를 환영하지는 않았지만 어쨌든 체제의 주 수혜자로서 대중의 희생을 바탕으로 몰염치하게 부를 쌓아올렸고, 그러므로 지금 우리 사회가 지고 있는 부담의 주요 부분은 그들이 책임져야 한다. 비용을 지불해야 할 사람들은 부유한 자들이다. 기본적인 정의 때문에도 그렇게 해야 할 뿐만 아니라, 사태가 이토록 악화된 데는 집단으로서의 그들과 그들의 체제가 원인이었기 때문이다. 그리고 경제와 밑바닥 사람들 둘 다를 도울 수 있는 최선의 방법은 밑바닥 사람들의 결핍을 직접적으로 강조하는 것이다. 자본가계급이 납세자들이 낸 돈으로 만든 황금 낙하산을 타고 무사히 착륙하게 할 수는 없다.

자본주의는 사회적 무기력증을 잘 이용하며, 단순히 "정상적인" 착취에 의존할 수 없을 때는 권력을 동원해 직접적인 강탈에 나선다. 아래로부터의 저항이 없으면 부담은 밑바닥 사람들에게 그대로 전가될 것이다. 그러므로 1930년대 후반에 그랬던 것처럼 대규모의 사회경제적 분기(奮起)가 있어야 한다. 노동조합은 부활해야 하며, 모든 종류의 대중적 사회운동이 일어나 헌법이 시민에게 부여한 대로 변화를 요구할 수 있는 권리를 사용해야 한다. 필요하다면 현재의 민주-공화 양당 과점체제도 바꾸어야 한다.

만약 그러한 밑으로부터의 급진적인 운동이 일어난다면 지금 상황에서 어떤 목표를 설정해야 할까? 우리가 여기서 대답을 망설이게 되는 이유는 취해야 할 행동이 부족해서가 아니라, 수십 년 동안의 착취와 낭비와 비합리성을 일소하려는 급진적인 정치운동이 일어난다면 그것은 노도와 같아서 변화를 위한 전혀 새로운 전망을 열어놓을 것이기 때문이다. 우리가 지금 여기서 무엇인가를 제시한다면 그것이 지금으로서는 지나치게 급진적이지만 후에 가서는 지나치게 소심한 계획이 되어버릴 이중의 위험이 있다.

일부 진보적인 경제학자들과 평론가들은 현재의 경제위기 하에서는 고용을 늘리기 위해 중요한 공공사업을 일으키는 일종의 새로운 뉴딜정책이 효과가 있을 것이라고 주장한다. 로버트 커트너(Robert Kuttner)는 저서 『오바마의 도전』(*Obama's Challenge*)에서 "경제회복에는 공공지출이 1년에 7,000억 달러 이상이 필요할 것이며, 그 재원으로서 군사지출에서 6,000억 달러를 삭감해야 한다. 왜? 전반적인 경제회복이나 경제의 균형회복을 위해서도 이보다 나은 방법은 없기 때문"이라고 하였다.[46] 그러나 이 방법은 말처럼 그렇게 간단하지가 않다. 현재의 경제적 기득권층이 정부의 민수부문 지출을 그렇게 큰 규모로 늘리는 것을 저지할 것이라고 믿을 수 있는 여러 가지 이유가 있다. 그들은 경제위기 상황일지라도 정부가 사적 시장에 개입해서는 안 된다고 믿고 있다. 1939년에 정부가 민간으로부터 구매한 금액은 GNP의 13.3%였고—1966년에 배런과 스위지는 이 수치를 "최대 한계치"라고 이론화하였다—이런 비중은 그 후로 한 번도 변한 적이 없다. 1960년부터 현재까지 정부의 민수부문 소비와 투자지출은 GNP 대비 평균 13.7%이다(GDP 대비 13.8%).[47] 그러므로 심각한 정체상황에서도 정부의 비군사부문 지출증가를 반대하는 계급세력의 힘을 과소평가해서는 안 된다. 이런 방향으로 중요한 진전이 있으려면 대규모 계급투쟁이 일어나야 할 것이다.

그럼에도 불구하고 식량, 주택, 일자리, 건강, 교육, 지속 가능한 환경 같은 대중의 기초 수요가 최우선시되어야 한다는 점에는 의심의 여지가 없다. 정부는 일할 의지와 일할 필요가 있는 모든 사람에게 유효한 일자리를 제공할 책임을 질 것인가? 무주택자뿐만 아니라 주거환경이 열악한 모든 사람들이 (착취수준의 주택담보대출로부터 자유로운) 주택을 마련할 수 있을까? 선진자본주의 국가 가운데서는 가장 열악하고 값비싼 의료보험 체계를 대체한 전국적인 단일 의료보험 체계가 도입되어 모든 사람이 혜택을 받을 수 있을까? 전 지구에 걸친 제국주의적 지배를 종식시키기 위해 군사지출을 극적으로 삭감할 수 있을까? 소득과 부의 재분배를 위해 부유한 자들에게 무거운 세금을 부과할 수 있을까? 지역단위건 전 지구적 차원에서건 환경은 보호될 수 있을까? 결사의 자유는 현실적으로 보장될 수 있을까?

품위 있는 미래를 위한 이런 기초 필수조건들이 현재의 체제하에서는 충족될 수 없다면 진정한 재화를 제공해 줄 새로운 사회를 창조하기 위해 대중이 직접 나서야 한다. 그러기 위해서는 무엇보다도 대중이 "사회의 인적 자원과 자연자원이 특권 소수집단이 아니라 모든 사람을 위해 사용될 수 있고 또 사용되어야만 한다는 직관적 인식을 갖추도록 도덕과 경제학이 함께 대중을 지원해야 한다."[48]

1930년대에 케인즈는 실물경제를 "투기의 소용돌이 위에 떠 있는 거품"으로 축소시키는 금융자본의 지배를 비난하면서 "금리생활자들의 안락사"를 제안한 바 있다. 그러나 오늘날의 금융-독점자본에게 있어서 금융화는 필수불가결한 것이기 때문에 자본주의 체제를 초월하지 않고는—보다 이성적인 자본주의를 꿈꾸었던 케인즈의 희망에는 반하는 일이지만—"금리생활자들의 안락사"는 실현될 수 없다. 이런 맥락에서 볼 때 우리는 지금 전 지구적 전환점에 서 있다. 세계는 마침내 "공정함은 반칙이며 반칙이 공정함"—자본축적에 필요한 탐욕과 착취를 합리화하는 데 쓰인 말이다—이라는 왜곡된 도덕률을 부정하고 이 도덕률을 완전히 뒤집어 케인즈가 꿈꾸었던 보다 이성적인 사회질서를 창조하는 길로 나아가는 발걸음을 내디딜 준비가 되어 있다.[49] 이런 사회질서를 만들기 위해서는 대중이 자신들의 정치경제의 통제권을 장악하고, 현재의 자본주의 체제를 대체할 진정으로 정치적이며 경제적인 민주주의가 구현되는 그 어떤 체제를 찾아내야 한다. 그것은 현재의 세계 지배자들이 가장 두려워하고 싫어하는 체제, 바로 "사회주의"이다.[50]

주

서문

1_ "Recession–Plagued Nation Demands New Bubble to Invest In," *The Onion*, July 14, 2008, http://www.theoninon.com.

2_ James Petras, "The Great Financial Crisis," August 25. 26, 2007, http://www.counterpunch.com ; "Who's to Blame for the Great Financial Crisis?," *Telegraph* (London), August 18, 2008, http://www.telegraph.co.uk.

도론

1_ Joseph A. Schumpeter, *Business Cycles*, vol. 2 (New York : McGraw–Hill, 199), 1045.

2_ Paul Krugman, "Desperately Seeking Seriousness," *New York Times*, 2008.10.26.

3_ "Greenspan Testimony on Sources of Financial Crisis," *Wall Street Journal*, 2008.10.23.

4_ John Kenneth Galbraith, *The Age of Uncertainty*(Boston : Houghton Mifflin, 1977), 216.

5_ Alvin H. Hansen, *Full Recovery or Stagnation?*(New York : W. W. Norton, 1938) ; Hansen, *Fiscal Policy and Business Cycles*(New York : W.W. Norton, 1941).

6_ John Maynard Keynes, *The General Theory of Employment, Interest and Money*(London : Macmillan, 1973).

7_ Alvin H. Hansen, "The Stagnation Thesis," American Economic Association 편, *Readings in Fiscal Policy*(Homewood, Illinois : Richard D. Irwin, 1955), 540–57 ; Schumpeter, *Business Cycles*, vol. 2, 1033–50. 또한 John Bellamy Foster, "Investment and Capitalist Maturity," Foster와 Henryk Szlajfer 편, *The Faltering Economy*(New York : Monthly Review Press, 1984), 57–73과 "What Is Stagnation?," Robert Cherry 등 편, *The Irreversible Crisis*(New York : Union for Radical Political Economics, 1987), 59–70을 보라.

8_ Michal Kalecki, *Theory of Economic Dynamics*(London : George Allen and Unwin, 1954), 161.

9_ Joan Robinson, "Review of *Money, Trade and Economic Growth* by J. G. Johnson," Economic Journal 72, no. 287(1962.9) : 690–92 ; Lynn Turgeon, *Bastard Keynesianism*(Westport, Conn. : Greenwood Press, 1996).

10_ Paul Samuelson, *Economics : An Introductory Analysis*(New York : McGraw Hill, 1964), 730.

11_ Paul A. Baran과 Paul M. Sweezy, *Monopoly Capital : An Essay on the American Economic and Social Order*(New York : Monthly Review Press, 1966), 108. Baran과 Sweezy는 Kalecki와 Josef Steindl의 *Maturity and Stagnation in American Capitalism*(Oxford : Basil Blackwell, 1952)로부터 강한 영향을 받았다.

12_ 한때 Galbraith가 지적했듯이 "저소비와 저투자는 같은 동전의 양면이다." John Kenneth Galbraith, *The Great Crash*(Boston : Houghton Mifflin, 1979), 156.

13_ 주로 Schumpeter의 영향을 받아 Baran과 Sweezy도 증기기관, 철도, 자동

차같이 자본수요를 엄청나게 팽창시키는 획기적인 혁신이 일어난다면 자본주의 체제를 정체로부터 끌어올릴 수 있느냐 하는 문제를 고려하였다. 그들은 그럴 가능성은 인정했지만 그 시점에서는 그런 획기적 혁신의 전망이 보이지 않는다는 것밖에는 말할 수 없었다. Baran과 Sweezy, *Monopoly Capital*, 219–22를 보라.

14_ Joan Robinson, *Essays in the Theory of Economic Fluctuations*(London : Macmillan, 1962), 53–54 ; *Contributions to Modern Economics*(Oxford : Basil Blackwell, 1978), 213.

15_ Robert Pollin, *Contours of Descent*(New York : Verso, 2003), 14–16.

16_ John Maynard Keynes, *Essays in Persuasion*(New York : Harcourt, Brace, and Co., 1932), 169.

17_ Keynes, *The General Theory*, 159.

18_ Philip Arestis와 Malcolm Sawyer 편, *A Biographical Dictionary of Dissenting Economists*(Northampton, Massachusetts : Edward Elgar, 2000), 411–16에 수록된 Hyman P. Minsky, "Hyman P. Minsky(1919–1996)"(원래는 1992년에 쓴 자전적 이력). 또한 Hyman P. Minsky, *Stabilizing an Unstable Economy*(New Haven : Yale University Press, 1986)를 보라. Minsky의 아이디어는 Charles P. Kindleberger의 저서 *Manias, Panics, and Crashes : A History of Financial Crises*(Hoboken, New Jersey : John Wiley and Sons, 1978)를 통해 널리 알려졌다.

19_ Paul M. Sweezy와 Harry Magdoff, *The Dynamics of U.S. Capitalism*(New York : Monthly Review Press, 1972), 7–29.

20_ "The Casino Society," *Business Week*, 1985. 9. 16. ; Magdoff와 Sweezy, *Stagnation and the Financial Explosion*, 143.

21_ 예컨대 Gerald A. Epstein 편, *Financialization and the World Economy*(Northampton, Massachusetts : Edward Elgar, 2005), 77–110에 수록된 James Crotty의 "The Neoliberal Paradox"를 보라.

22_ Karl Marx, Capital, vol. 3(New York : International Publishers), 250, 259 (chapter 15, sections 2–3). 자본주의가 19세기에 이미 정체의 경향을 드러내고 있었다는 사실은 Frederick Engels에 의해 여러 차례 지적되었다. Engels, *Socialism : Utopian and Scientific*(New York : International Publishers, 1978), 64.

23_ 제5장의 첫 면은 예외이다. 여기서는 중복을 피하기 위해 긴 인용문을 싣지 않고 핵심주장을 요약하여 실었지만 주요 내용은 변하지 않았다.

24_ 우리는 John Bellamy Foster, Harry Magdoff, Robert W. McChesney가 공동집필한 "What Recovery?," *Monthly Review* 54, no. 11 (2003.4) : 8–11에서도 이 점을 강조했다.

25_ "새로운 뉴딜정책" 문제는 Magdoff와 Sweezy가 1980년대 말에 제기하였다. 두 사람의 글 "A New Deal," *Monthly Review*, 43, no. 9 (February 1982), 1–10을 보라.

26_ John Kenneth Galbraith, *The Economics of Innocent Fraud* (Boston : Houghton Mifflin, 2004), 60.

27_ John Bellamy Foster, Hannah Holleman, Robert W. McChesney, "The U. S. Imperial Triangle and Military Spending," *Monthly Review*, 60, no. 5 (2008.10) : 1–19 ; John Bellamy Foster, *Naked Imperialism* (New York : Monthly Review Press, 2006).

1장_ 가계부채의 거품

1_ 미국 정부 노동부, 노동통계국, "2003년 소비자 지출," June 2005, Table 1을 보라. http://www.bls.gov/cex/.

2_ Paul M. Sweezy, *The Theory of Capitalist Development* (New York : Monthly Review Press, 1970), 168–69에서 재인용.

3_ "Economy Up, People Down," 2005.8.31과 "Real Compensation Down as Wage Squeeze Continues," January 31, 2006.1.31, Economic Policy Institute, http://www.epi.org.

4_ 1994년과 2004년의 투자, 정부, 수출의 비중은 각기 16, 19, 10%로 변함이 없었던 반면 수입은 12%에서 15% 올라갔다. 미국 노동부, 노동통계국, *Occupational Outlook Quarterly* 49, no. 4 (2005–06 겨울) : 42, http://www.bls.gov/opub/ooq/2005/winter/contents.htm.

5_ 소비자 금융조사에서 "가계"는 가구(1인 단독가구도 "가계"에 포함된다)와 유사한 의미를 갖는다. 이 글에서도 두 용어는 상호 호환적으로 사용되고 있다. 조사결과가 실린 연방준비이사회의 공보에서는 다음과

같이 밝히고 있다 : "'가계'의 정의는 여타 정부 연구 보고서에서 일반적으로 사용되는 것과는 동일하지 않다. 소비자 금융조사에서 가구단위는 기초 경제단위(Primary Economic Unit : PEU)—가족—와 그 밖의 가구구성원으로 나누어진다. PEU는 경제적으로 주도적인 단일 개인이나 부부(결혼 여부와 관계 없이 동거하는 배우자들)와 그 밖의 재정적으로 상호 의존적인 가구구성원을 의미한다"(A36).

6_ Kevin Phillips, *American Theocracy*(New York : Viking, 2006), 324–25.

7_ "Recent Changes in U.S. Family Finances"(이 글의 [표 2]의 주를 보라), A28–A29.

8_ "Household Financial Indicators," Board of Governors, 연방준비제도, *Flow of Funds*, 2006.

9_ Doug Henwood, "Leaking Bubble," *The Nation*, 2006. 3월.

10_ "The Credit–Cart Catapult," *Wall Street Journal*, 2006.3.25. ; Phillips, American Theocracy, 327.

11_ "Recent Changes in U.S. Family Finances"([표 2]의 주를 보라), A28.

12_ The Center for Responsible Lending and the Consumer Federation of America, *Car Title Lending*(April 14, 2005), http://www.responsiblelending.org.

13_ "As Debt Collectors Multiply, So Do Consumer Complaints," *Washington Post*, 2005.7.28.

14_ "Household Financial Conditions : Q4 2005," Financial Markets Center, 2006.3.19. http://www.fmcenter.org.

15_ Stephanie Pomboy, "The Great Bubble Transfer," MacroMavens, 2002.4.3. http://www.macromavens.com/reports/the_great_bubble_transfer.pdf.

16_ 경제자문위원회가 이 문제를 어떻게 다루었는지는 *The Economic Report of the President, 2006*, 29–30, http://www.gpoaccess.gov/eop/.를 보라.

17_ Stephanie Pomboy, "Handling the Truth," *Barron's*, 2005.2.7. http://www.macromavens.com/reports/barron's_interview.pdf ; "Wal–Mart Fishes Upstream," *Business Week* Online, 2006. 3. 24.

18_ Pomboy, "Handling the Truth" ; "Too Much Cash," *Barron's*, 2005.11.7. 또한 "Long on Cash, Short on Ideas," *New York Times*, 2004.12.5를 보라.

2장_ 부채와 투기의 폭발

1_ Paul M. Sweezy와 Harry Magdoff, *The Dynamics of U.S. Capitalism* (New York : Monthly Review Press, 1972) ; Harry Magdoff와 Paul M. Sweezy, *The End of Prosperity* (New York : Monthly Review Press, 1977), *The Deepening Crisis of U.S. Capitalism* (New York : Monthly Review Press, 1981), *Stagnation and the Financial Explosion* (New York : Monthly Review Press, 1987), *The Irreversible Crisis* (New York : Monthly Review Press, 1988).

2_ *Karl Marx, Capital*, vol. 3 (New York : International Publishers, 1967), 507 (chapter 32).

3_ Stephanie Aaronson 등 편, "The Recent Decline in Labor Force Participation Rate and Its Implications for Potential Labor Supply," *Brookings Papers on Economic Activity*, no.1 (2006) : 69−134를 보라.

4_ "The Odd Recovery : Unemployment Is Low and So is Employment," *New York Times*, 2006.9.2.

5_ Magdoff와 Sweezy, *Stagnation and the Financial Explosion* (New York : Monthly Review Press, 1987), 24.

6_ Calculated from *Economic Report of the President, 2006*, 표 B. 91.

7_ Harry Magdoff, "A Letter to a Contributor : The Same Old State," *Monthly Review* 49, no. 8 (1998.1) : 5.

8_ 국민소득과 생산계정(Calculated from National Income and Product Accounts), 표 1.1.5를 기초로 재계산.

9_ 군사지출 데이터는 공식발표 자료이다. 그러므로 당연히 포함되어야 할 수치들, 예컨대 국토안보부, NASA 예산의 많은 부분, 국무부 예산의 일부, 예비역 복지 등이 빠져 있다. 이 문제에 대한 고전적인 연구로서는 James Cypher, "The Basic Economics of 'Rearming America,'" *Monthly Review* 33, no. 6 (1981.11) : 11−27을 보라.

10_ 미국 전체의 부채 가운데서 차지하는 정부부채를 말할 때는 연방정부 산하기관(예컨대 사회보장처)이 갖고 있는 부채를 포함한다. 이 범주의 부채금액은 현재 3조 달러로 총 연방정부 부채의 42%에 가깝다. 기술적으로 보아 이것은 정부 자신이 지고 있는 부채이지만 실제로는 특정한 대상에게 지고 있는 부채는 아니다. 예컨대 지급해야 할 사회보장연

금에 비해 사회보장세가 적게 징수된다고 해서 사회보장연금을 믿고 은퇴한 사람들에게 정부가 부채를 지게 되는 것은 아니다.

11_ Gregory Zuckerman, "Companies on a Borrowing Binge : Can They Handle All the Debt?" *Wall Street Journal*, 2006.8.17.

12_ "As Economy Thrived Under Greenspan, So Did Debt," *Washington Post*, 2006.1.23.

13_ "Homeowners Start to Feel the Pain of Rising Rates," *Wall Street Journal*, 2006. 8.10.

14_ Bureau of Economic Analysis 공보 0634호, 2006.8.1.

15_ Federal Reserve Flow of Funds.

16_ "Homeowners Start to Feel the Pain of Rising Rates," *Wall Street Journal*, 2006. 8.10.

17_ "Nightmare Mortgages," *Business Week*, 2006.9.11.

18_ "IMF Warns Lingering Imbalances May Spur Volatile Fall in Dollar," *Wall Street Journal*, 2006.9.13.

19_ "Warning from the Markets," *New York Times*, 2005.2.24.

20_ "Ahead of the Tape," *Wall Street Journal*, 2006.3.7.

21_ Harry Magdoff와 Paul M. Sweezy, "Production and Finance," *Monthly Review*, 35, no. 1 (1983.5), 1–13.

22_ "Corporate America's New Achilles' Heel," *Business Week*, 2005.3.28.

23_ Ibid.

24_ "Din of Roaring Corporate–Debt Market Drowns Out Growing Talk of a Bubble," *Wall Street Journal*, 2006.3.3.

25_ http://www.nyse.com.

26_ Craig Karmin과 Michael R. Sesit, "Currency Markets Draw Speculation, Fraud," *Wall Street Journal*, 2005.7.26.

27_ "Back of the Envelope," *New York Times*, 2006.9.22.

28_ "A Hedge Fund's Loss Rattles Nerves," *New York Times*, 2006.9.19.

29_ "Smokin' LBOs," 2005.11.18, http://wwwforbes.com/2005/11/17/lbo–buyouts–banks–lonas–cx_lm_1118lob.html.

30_ "Blizzard of Deals Heralds an Era of Megamergers," *Wall Street Journal*, 2006. 7.27.

31_ "Capital Pains : Big Cash Hoards," *Wall Street Journal*, 2006.7.21.

32_ "Buy It, Strip It, Then Flip It," *Business Week*, 2006.8.7., 28–31.

33_ "Private Money : The New Financial Order," *Wall Street Journal*, 2006.7.25.

34_ "Huge Buyout of Hospital Group Highlights Era of Going Private," *New York Times*, 2006.7.25.

35_ "Private Money : The New Financial Order," *Wall Street Journal*, 2006.7.25.

36_ "Big Debt Often Lurks Behind IPOs," *Wall Street Journal*, 2006.5.15.

37_ 예컨대, "The Dark Side of Debt," *The Economist*, September 23, 2006.9.23을 보라.

38_ "Hedge Funds and Derivatives and Their Implications for the Financial System" (연설문, 뉴욕 연방준비은행, 2006.9.15), http://www.newyorkfed.org/newsevents/speeches/2006/gei060914.html에서 볼 수 있다.

3장_ 독점-금융자본

1_ Paul M. Sweezy, "The Triumph of Financial Capital," *Monthly Review* 46, no. 2 (1994.7) : 1–11.

2_ 여기서 "금융자본"이란 용어를 사용할 때는 Rudolf Hilferding의 위대한 저작 *Finance Capital*(1910)에서 말한 "금융자본"과 같은 의미는 아니다. Hilferding은 금융자본을 "은행이 통제하며 기업가들이 활용하는 자본"이라고 정의했다. 그러나 이 책에서 말하는 금융자본이란 금융시장과 투기에 동원된 화폐자본을 말한다. 이와 관련하여 Hilferding의 관점에 대한 Doug Henwood의 날카로운 비판은 인용할 가치가 있다 : "나는 Hilferding의 견해에 대해 매우 비판적이다 … 그는 소수의 거대 은행이 대기업을 상대하는 독일식 자본주의 모델이 미래의 체제이며, 영 · 미식 주식시장 체제는 사라질 것이라고 보았다. 이것은 더할 나위 없이 잘못된 관측이다. 비관적인 월스트리트의 이코노미스트 Henry Kaufman이 수년 전에 언급했듯이 우리는 지금 전 세계 금융의 미국화를 목격하고 있다." Doug Henwood를 상대로 한 Geert Lovink의 인터뷰, "Finance and Economics after the Dotcom Crash," 2001.12.20, http://www.nettime.org. 또한 Paul M. Sweezy, *The Theory of Capitalist Development*(New York :

Monthly Review Press, 1942), 266을 보라.

3_ Joseph Schumpeter, *Capitalism, Socialism and Democracy*(New York : HarperCollins, 1942), 90n.

4_ Michal Kalecki, *Theory of Economic Dynamics*(London : George Allen and Unwin, 1954), 161. 그리고 Josef Steindl, *Maturity and Stagnation in American Capitalism*(New York : Monthly Review Press, 1976)을 보라.

5_ 후에 Baran과 Sweezy도 그들의 저서에서 1950년대에 일어난 미국 경제의 두 번째 자동차화 물결(전국적인 고속도로망의 구축, 교외지역의 성장 등) 같은 역사적 요인을 강조했다. 그러나 두 사람은 미국 경제의 자동차화는 더 이상 확장성 요인은 아니었으며, 이후로 단순 재생산의 시대로 접어들었다고 주장했다.

6_ *Paul M. Sweezy*, "*Monopoly Capital* After Twenty-Five Years," *Monthly Review* 43, no. 7(1991.12) : 52-57.

7_ Paul M. Sweezy와 Paul Baran, *Monopoly Capital : An Essay on the American Economic and Social Order*(New York : Monthly Review Press, 1966), 108. 이 이론을 오늘날의 세계 경제에 적용한 저서로서는 Bill Lucarelli, *Monopoly Capitalism in Crisis*(New York : Palgrave Macmillan, 2004)를 보라.

8_ 금융의 지배란 비금융부문으로부터 금융부문으로의 권력의 이동과 동일시 될 수는 없다. 둘 사이의 구분은 점차로 모호해져 갔다. 제너럴 모터스에서 시작하여 월마트에 이르기까지 비금융기업들도 갈수록 대출활동에서 많은 수익을 올리고 있을 뿐만 아니라 직접적인 투기금융에도 참여하고 있다. 비금융기업의 금융화라고 할 수 있는 실증적 증거에 관해서는 Greta R. Krippner, "The Financialization of the American Economy," *Socio-Economic Review* 3, no. 2(2005) : 173-208를 보라.

9_ Harry Magdoff와 Paul M. Sweezy, "The Strange Recovery of 1983. 84," *Monthly Review* 37, no. 5(1985.19) : 1-11.

10_ *Monopoly Capital*, 139.41.

11_ Harry Magdoff, "Monopoly Capital," *Economic Development and Cultural Change* 16, no. 1(1967.10) : 145.50 ; M. Sweezy와 Harry Magdoff, *The Dynamics of U.S. Capitalism*(New York : Monthly Review Press, 1972), 7-29의 "Problems of United States Capitalism".

12_ 특히 Harry Magdoff와 Paul M. Sweezy, *Stagnation and the Financial Explo-*

sion(New York : Monthly Review Press, 1987)을 보라.

13_ 제2장을 보라. 미국 경제의 부채폭발에 관한 수치들은 놀랍기는 하지만 금융투기의 성장을 제대로 밝혀내지 못하고 있다. 그러한 투기의 전모를 측정할 수 있는 인정된 방식은 없다. Henwood가 지적하고 있듯이 "부채와 자산을 따지는 전통적인 회계기법으로서는 전혀 파악할 수 없는" 수많은 금융기법이 존재하는데, "옵션, 선물, 역변동금리채 같은 것은 결코 비실재적인 상품이 아니다. 주식이나 대출과는 달리 이런 상품에 가격을 매기기는 어렵다. 거래의 의도한 가격—액면 원금—은 실제로 위험에 노출되는 금액보다 훨씬 크다 … . 그러나 측정불가능성 그 자체가 금융화의 위험의 핵심이다. 권리에 대한 권리, 그 권리에 대한 또 다른 권리가 켜켜이 쌓여간다 … 이 과정을 수치로 나타내고자 한다면 도표상의 선은 그 페이지 밖으로 뚫고 나갈 것이다." Doug Henwood, *After the New Economy*(New York : The New Press, 2005), 192. 또 Doug Henwood, *Wall Street*(New York : Verso, 1997)도 보라.

14_ 경제학자가 "실물"시장과 금융시장을 연결시키려 할 때 부닥치는 엄청난 어려움에 대해서는 John H. Cochrane 편, *Financial Markets and the Real Economy*(Northampton, MA : Edward Elgar, 2006)에 잘 드러나 있다.

15_ John Maynard Keynes, *The General Theory of Employment, Interest and Money* (London : Macmillan, 1973), 160-61.

16_ Harry Magdoff와 Paul M. Sweezy, "Production and Finance," *Monthly Review* 35, no. 1 (1983.5) : 1-13.

17_ John Maynard Keynes, *Essays in Persuasion*(New York : Harcourt, Brace and Co., 1932), 169.

18_ Keynes, *The General Theory*, 159.

19_ 제2장을 보라.

20_ Hyman P. Minsky의 *John Maynard Keynes*(New York : Columbia University Press, 1975)와 *Can "It" Happen Again? : Essays on Instability and Finance*(Armonk, NY : M.E. Sharpe, 1982). 또한 Gary Dymski와 Robert Pollin 편, *New Perspectives in Monetary Macroeconomics : Explorations in the Tradition of Hyman P. Minsky*(Ann Arbor : University of Michigan Press, 1994)를 보라.

21_ Eric J. Weiner, *What Goes Up : The Uncensored History of Modern Wall Street*

(New York : Little, Brown and Co., 2005).

22_ Henwood, *After the New Economy*, 231.

23_ "Housing Cools Down Economy," *New York Times*, 2006.10.28.

24_ Michael M. Hutchinson과 Frank Westermann 편, *Japan's Great Stagnation* (Cambridge, MA : MIT Press, 2006).

25_ *Business Week*, 1985.9.16.

26_ Karl Marx, *Capital*, vol. 1 (London : Penguin, 1976), 799.

27_ "A Prizefighter for Capitalism : Paul Krugman vs. the Quebec Protesters," *Monthly Review* 53, no. 2 (2001.6) : 1–5.

4장_ 자본주의의 금융화

1_ Gerald A. Epstein 편, *Financialization and the World Economy* (Northampton, MA : Edward Elgar, 2005), 1에 수록된 Gerald A. Epstein의 "Introduction".

2_ 제3장을 보라.

3_ 여기서 사용하고 있는 "금융화"란 용어는 Kevin Phillips의 저작에 기댄 바가 많다. Phillips는 *Boiling Point* (New York : Random House, 1993)에서 이 개념을 적용하였고, 1년 뒤에 나온 저서 *Arrogant Capital*에서는 "Financialization of America"라는 장을 중심에 배치하고 금융화를 "서로 분기하는 실물경제와 금융경제 사이의 **장기적인** 분할"이라고 정의했다 (New York : Little, Brown, and Co., 1994), 82. 같은 해에 Giovanni Arrighi가 *The Long Twentieth Century* (New York : Verso, 1994)에서 국제 헤게모니의 변이를 분석하면서 이 개념을 적용했다.

4_ Harry Magdoff가 1965년에 *Socialist Register*에 기고한 논문을 통해 처음으로 미국 경제의 부채의존 심화문제를 제기했다. Harry Magdoff와 Paul M. Sweezy, *The Dynamics of U.S. Capitalism* (New York : Monthly Review Press, 1972), 13.16을 보라.

5_ Robert Pollin, "Remembering Paul Sweezy : 'He Was an Amazingly Great Man,'" *Counterpunch*, http://www.counterpunch.org, 2004.3.6.7. ; "The Man Who Explained Empire : Remembering Harry Magdoff," *Counterpunch*, http://www.counterpunch.org, 2006.1.6.

6_ Paul M. Sweezy, "More(or Less) on Globalization," *Monthly Review* 49, no. 4(1997.9.) : 3-4.

7_ Paul A. Baran과 Paul M. Sweezy, *Monopoly Capital*(New York : Monthly Review Press, 1966).

8_ James Tobin, "On the Efficiency of the Financial System," *Lloyd's Bank Review*, no. 153(1984), 14-15.

9_ 이하의 분석에서 나는 경제학의 오랜 관습에 따라 "실물경제"라는 용어를 금융경제에 대칭되는 생산영역(즉 GDP로 측정되는 경제적 산출)을 지칭하는 데 사용했다. 그런데 어휘의 통상적인 용법에 비추어 보면 "실물경제"나 금융경제 둘 다 실제적이다.

10_ Harry Magdoff와 Paul M. Sweezy, *Stagnation and the Financial Explosion* (New York : Monthly Review Press, 1987), 149. Magdoff와 Sweezy는 *Business Week*의 1985.9.16일자 "The Casino Society" 특집판 사설에 대한 답변으로서 이 글을 썼다.

11_ Paul M. Sweezy, "Economic Reminiscences," *Monthly Review* 47, no. 1(1995. 5) : 8 ; Lukas Menkhoff와 Norbert Tolksdorf, *Financial Market Drift*(New York : Springer-Verlag, 2001).

12_ 투자은행이 독점자본의 형성기에 누렸던 최강의 지위(이른바 "현금 트러스트")를 회복하는 데 실패한 것은 그러한 지위를 가능케 해준 당시의 조건들이 일시적이었기 때문이라고 할 수 있다. Paul M. Sweezy, "Investment Banking Revisited," *Monthly Review* 33, no. 10(1982.3)을 보라.

13_ Harry Magdoff와 Paul M. Sweezy, *The End of Prosperity*(New York : Monthly Review Press, 1977), 35.

14_ Sweezy, "Economic Reminiscences," 8-9.

15_ 이것은 Keynes와 Hyman Minsky의 금융불안정성 가설과 일치한다. Minsky, *Can "It" Happen Again?*(Armonk, New York : M. E. Sharpe, 1982)을 보라.

16_ Epstein 편, *Financialization and the World Economy*, 136-38에 수록된 Robert W. Parenteau, "The Late 1990s' US Bubble."

17_ Doug Henwood, *After the New Economy*(New York : The New Press, 2005), 231 ; Epstein, "Introduction," 4 ; Garry J. Schinasi, *Safeguarding Financial*

Stability(Washington, D.C. : International Monetary Fund, 2006), 228–32. 그리고 이 책의 제2장을 보라.

18_ Greta R. Krippner, "The Financialization of the American Economy," *Socio-economic Review* 3, no. 2(2005), 173.208 ; Epstein 편, *Financialization and the World Economy*, 77–110에 수록된 James Crotty, "The Neoliberal Paradox."

19_ Edward N. Wolff, "Changes in Household Wealth in the 1980s and 1990s in the U.S.," The Levy Economics Institute of Bard College, Working Paper No. 407(2004.5), 표 2, http://www.levy.org.

20_ *New York Times*, 2007.3.1.

21_ Pollin, "The Man Who Explained Empire."

22_ *New York Times*, 2007.2.16.

23_ *Le Monde Diplomatique*, 1997.12.

24_ Daniela Magalhaes Pates와 Leda Maria Paulani, "The Financial Globalization of Brazil under Lula," 그리고 Fabrico Augusto de Loiveira와 Paulo Nakatini, "The Brazilian Economy Under Lula," *Monthly Review* 58, no. 9(2007.2), 32–49를 보라.

25_ International Monetary Fund, *The Global Financial Stability Report*(2003.3), 1–3과(2006.9), 74–75.

26_ Gabriel Kolko, "Why a Global Economic Deluge Looms," *Counterpunch*, http://www.counterpunch.org, 2006.1.15.

5장_ 자본의 금융화와 위기

1_ Karl Marx, *Capital*, vol. 3(New York : International Publishers, 1967), chapter 15, 250. 반복을 피하기 위해 원문의 긴 인용은 삭제하였다.

2_ "U.S. Recovery May Take Longer than Usual : Greenspan," *Reuters*, 2008.2.25.

3_ Paul M. Sweezy, "More(or Less) on Globalization," *Monthly Review* 49, no. 4(1997.9) : 3.

4_ Stephanie Pomboy, "The Great Bubble Transfer," MacroMavens, 2002.4.3. http://www.macromavens.com/reports/the_great_bubble_transfer.pdf.

5_ 아래에 나오는 주택거품의 다섯 단계에 관한 기술은 다음 출처에 주로 의존했다 : Juan Landa, "Deconstructing the Credit Bubble," *Matterhorn Capital Management Investor Update*, 3rd Quarter 2007, http://www.matterhorncap.com/pdf/3q2007.pdf ; "Subprime Collapse Part of Economic Cycle," *San Antonio Business Journal*, 2007.10.26. ; Charles P. Kindleberger와 Robert Aliber, *Manias, Panics, and Crashes*(Hoboken, New Jersey : John Wiley and Sons, 2005).

6_ Charles Kindleberger가 그에 앞서 Hyman Minsky가 소개한 금융불안정성 이론을 바탕으로 금융거품을 분석한 데서는 "새로운 기회"라고 표현한 거품의 단계를 "대체"라고 이름붙이고 있는데, 그것은 경제적 충격과 혁신을 함께 아우르는 개념을 표현하기 위함이었다. 그런데 거품의 형성과정에서 실제로 어떤 일이 일어나는지를 구체적으로 묘사하는 데는 "새로운 기회"가 더 적절한 표현이기 때문에 이 표현이 "대체"를 대체하여 쓰이는 경우가 많다. 참고로 Kindleberger와 Aliber, *Manias, Panics, and Crashes*, 47-50을 보라.(원문에서는 "새로운 기회"를 "novel offering"으로, "대체"를 "displacement"로 표기하고 있다. Kindleberger 저서의 국내 번역본에서는 "displacement"를 "변위"라고 번역한 번역본도 있다.[역자])

7_ Floyd Norris, "Who's Going to Take the Financial Weight?," *New York Times*, 2007.10.26. ; "Default Fears Unnerve Markets," *Wall Street Journal*, 2008.1.18.

8_ Federal Reserve Bank of New York, "Historical Changes of the Target Federal Funds and Discount Rates," http://www.newyorkfed.org/markets/statistics/dlyrates/fedrate.html.

9_ Landa, "Deconstructing the Credit Bubble."

10_ Hyman Minsky, *Can "It" Happen Again?*(New York : M. E. Sharpe, 1982), 28-29.

11_ "Household Financial Condition : Q4 2005," Financial Markets Center, 2006.3.19, http://www.fmcenter.org.

12_ "Global Derivatives Market Expands to $516 Trillion(Update)," Bloomberg.com, 2007.11.22.

13_ "Bond Insurer Woes May Mean End of Loophole," *Reuters*, 2008.2.13.

14_ "Global Recession Risk Grows as U.S. 'Damage' Spreads," Bloomberg.com, 2008.1.28. 이 기사는 세계 경제수준에서 침체의 정도를 언급하고 있다. 경제학자들은 3% 이하라고 거론하는데, 최근의 상황이나 IMF의 견해를 감안하면 2.5%가 더 정확한 것 같다.

15_ Stephen Roach, "America's Inflated Asset Prices Must Fall," *Financial Times*, 2008.1.8.

16_ "Decline in Home Prices Accelerates," *Wall Street Journal*, 2008.2.27.

17_ Eric Janszen, "The Next Bubble," *Harper's*(2008.2), 39-45.

18_ Roach, "America's Inflated Asset Prices Must Fall," "You Can Almost Hear it Pop," *New York Times*, 2007.12.16.

19_ 제2장을 보라.

20_ "정체가설"이란 용어는 원래 Alvin Hansen이 대공황을 분석하면서 사용한 것이다. American Economic Association 편, *Readings in Fiscal Policy* (Homewood, Illinois : Richard D. Irwin, Inc., 1955), 540-57에 수록된 Hansen, "The Stagnation Thesis"를 보라. 이 용어는 후에 Baran과 Sweezy의 *Monopoly Capital*에서 차용되었다. Harry Magdoff, "Monopoly Capital" (review), *Economic Development and Cultural Change* 16, no. 1 (October 1967) : 148을 보라.

21_ "부의 효과"란 개념은 금융화 시기에 자산가격이 오르자 소득과는 관계 없이 소비가 증가하는 경향을 지칭한다. 이 용어가 가장 먼저 사용된 사례는 1975.1.27자 *Business Week*에 실린 "How Sagging Stocks Depress the Economy"란 제목의 기사에서 나온다. Alan Greenspan이 1980년에 주택가격의 상승이 주택 소유자의 소비를 자극하는 효과를 언급하면서 이 개념을 들어 설명하였다. Greenspan, "The Great Malaise," *Challenge* 23, no. 1 (1980. 3-4월호) : 38. 그는 후에 이 개념을 1990년대의 신경제 주식시장 거품을 합리화하는 데 동원했다.

22_ Harry Magdoff와 Paul M. Sweezy, "Production and Finance," *Monthly Review* 35, no. 1 (1983.5) : 11-12.

23_ 이 주장의 핵심취지는 Paul Baran, Paul Sweezy, Harry Magdoff가 1950년대부터 1990년대에 이르기까지 여러 저작들에서 되풀이하여 제시하였다.

24_ Federal Reserve Statistical Release, G.17, "Industrial Production and Capacity Utilization," February 15, 2008.2.15., http://www.federalreserve.gov/releases/g17/Current/default.htm ; Foster와 Henryk Szlajfer 편, *The Faltering Economy*(New York : Monthly Review Press, 1984), 207에 수록된 John Bellamy Foster, "The Limits of U.S. Capitalism : Surplus Capacity and Capacity Surplus."

25_ *The Inevitability of Government Spending*(New York : Columbia University Press, 1990), 7–8에 수록된 Harold G. Vatter, "The Atrophy of Net Investment." Vatter는 19세기 말 4반세기부터 20세기 중반이 이르는 동안에 순 국민소득(net national product : NNP)에 대비한 순투자는 절반으로 줄었음을 지적하고 있다.

26_ "Companies Are Piling Up Cash," *New York Times*, 2008.3.4. 현금더미를 깔고 앉아 있는 것은 지난 10년 동안에 일어난 일이다. Standard & Poor's 500-주식지수에 포함된 기업들의 총 자산에서 차지하는 현금의 평균 수준은 1998년에서 2004년 사이에 두 배가 되었다.

27_ Chalmers Johnson, "Why the US Has Really Gone Broke," *Le Monde Diplomatique*(영어판), 2008.2. Johnson이 미국 군사지출을 1조 달러로 계산한 것은 2008 회계년도의 국방부 예산(총 7,660억 달러)에 반영되지 않은 이라크와 아프가니스탄 전비 보충예산과 여기에 에너지부와 국토안보부의 드러나지 않은 군사예산, 예비역 복지예산 등을 포함시켰기 때문이다.

28_ Paul M. Sweezy, "Economic Reminiscences," *Monthly Review* 47, no. 1(1995. 5), 8–9.

29_ Thomas I. Palley, "Financialization : What It Is and Why It Matters," *Working Paper Series*, no. 153, Political Economy Research Institute, 2007. 11월, 1, 3, 8, 11.21, http://www.peri.umass.edu/Publication.236+M505d3f0bd8c.0.html.

30_ Kindleberger와 Aliber, *Manias, Panics, and Crashes*, 126–35을 보라.

31_ Ozgur Orhangazi, "Financialization and Capital Accumulation in the Non-Financial Corporate Sector," *Working Paper Series*, no. 149, Political Economy Research Institute, October 2007. 10월, 3–7, 45, http://www.peri.umass.edu/Publication.236+M547c453b405.0.html.

32_ Harry Magdoff와 Paul M. Sweezy, *The Irreversible Crisis*(New York : Monthly Review Press, 1988), 49.

33_ Sweezy, "Economic Reminiscences," 9–10.

6장_ 실물경제로의 복귀

1_ Harry Magdoff와 Paul M. Sweezy, *The Irreversible Crisis*(New York : Monthly Review Press, 1988), 76.

2_ James K. Galbraith, *The Predator State*(New York : The Free Press, 2008), 48.

3_ "Congressional Leaders Were Stunned by Warnings," *New York Times*, 2008. 9.19.

4_ Manas Chakravarty와 Mobis Philipose, "Liquidity Trap : Fear of Failure," Livemint.com, 2008.10.11. ; John Maynard Keynes, *The General Theory of Employment, Interest and Money*(London : Macmillan, 1973), 174.

5_ "Drama Behind a $250 Billion Banking Deal," *New York Times*, 2008.10.15.

6_ "Government's Leap into Banking Has Its Perils," *New York Times*, 2008.10.18.

7_ "Single–Family Homes in U.S. Fall to a 26–Year Low," Bloomberg.net, 2008.10.17. ; "Economic Fears Reignite Market Slump," *Wall Street Journal*, 2008. 10. 16.

8_ "Depression of 2008 : Are We Heading Back to the 1930s?" *Times*(London), 2008.10.5를 보라. 일본의 장기침체에 관해서는 Paul Burkett과 Martin Hart–Landsberg, "The Economic Crisis in Japan," *Critical Asian Studies* 35, no. 3(2003) : 339–72를 보라.

9_ "The U.S. Is Said to Be Urging New Mergers in Banking," *New York Times*, 2008.10.21.

10_ "CDO Cuts Show $1 Trillion Corporate–Debt Bets Toxic," Bloomberg.net, 2008.10.22.

11_ "Banks Are Likely to Hold Tight to Bailout Money," *New York Times*, 2008. 10.17.

12_ Hyman Minsky, *Can "It" Happen Again?*(New York : M. E. Sharpe, 1982), vii.xxiv ; "Hard Lessons to Be Learnt from a Minsky Moment," *Financial Times*, 2008.9.18. ; C. Gnos와 L. P. Rochon, Credit, *Money and Macroeconomic Policy : A Post–Keynesian Approach*(Cheltenham, forthcoming Edward Elgar)에 수록된 Riccardo Bellofiore와 Joseph Halevi, "A Minsky Moment? : The Subprime Crisis and the New Capitalism." Magdoff와 Sweezy의 Minsky에 대한 관점에 관해서는 *The End of Prosperity*(New York : Monthly Review Press, 1977), 133–36을 보라.

13_ Irving Fisher, "The Debt–Deflation Theory of Great Depressions," *Econometrica*, no. 4(1933.10) : 344 ; Paul Krugman, "The Power of De," *New York Times*, 2008.9.8.

14_ "Amid Pressing Problems the Threat of Deflation Looms," *Wall Street Journal*, 2008.10.18. ; "A Monetary Malaise," *Economist*, 2008.10.11–17, 24.

15_ Ben S. Bernanke, "Deflation : Making Sure 'It' Doesn't Happen Here," National Economists Club, Washington, D.C., 2002.11.21, http://www.federalreserve.gov.

16_ Ethan S. Harris, *Ben Bernanke's Fed*(Cambridge, Massachusetts : Harvard University Press, 2008), 2, 173. Milton Friedman, *The Optimum Quantity of Money and Other Essays*(Chicago : Aldine Publishing, 1969), 4–14.

17_ Ben S. Bernanke, *Essays on the Great Depression*(Princeton : Princeton University Press, 2000), 5 ; Milton Friedman과 Anna Schwartz, *A Monetary History of the United States, 1867–1960*(Princeton : Princeton University Press, 1963). 실물경제뿐만 아니라 재정적 요인을 포괄하면서 대공황의 가장 큰 특징이라고 할 수 있는 투자의 정체라는 관점에서 [대공황을] 분석한 보다 현실적인 관점에 관해서는 Michael A. Bernstein, *The Great Depression*(Cambridge : Cambridge University Press, 1987)과 Richard B. DuBoff, *Accumulation and Power*(New York : M.E. Sharpe, 1989), 84.92를 보라. 대공황에 관한 고전적인 이론은 William A. Stoneman, *A History of the Economic Analysis of the Great Depression in America*(New York : Garland Publishing, 1979)을 보라.

18_ Ben S. Bernanke, "Money, Gold, and the Great Depression," H. Parker Willis Lecture in Economic Policy, Washington and Lee University, Lexington, Virginia, 2004. 3. 2, http://www.federalreserve.gov.

19_ Ben S. Bernanke, "Some Thoughts on Monetary Policy in Japan," Japan Society of Monetary Economics, Tokyo, 2003.3.31, http://www.federalreserve.gov.

20_ Bernanke, *Essays on the Great Depression*, 43.

21_ "On Milton Friedman's Ninetieth Birthday," Conference to Honor Milton Friedman, University of Chicago, 2002.11.8, http://www.federalreserve.gov/BOARDOCS/SPEECHES/2002/20021108/default.htm. 역설적이지만 금년 91세의 Anna Schwartz는 *Wall Street Journal*과의 인터뷰에서 Bernanke 영도 하의 연방준비이사회는 대공황을 촉발한 것은 유동성에 대한 불안이 아니라, 은행의 지급능력에 대한 불신이었음을 인식하지 못하고 마지막 싸움을 벌였다고 지적했다. "Bernanke Is Fighting the Last War : Interview of Anna Schwartz," *Wall Street Journal*, 2008.19.18.

22_ Ben S. Bernanke, "Asset Prices and Monetary Policy," New York Chapter of the National Association for Business Economics에서의 연설, New York, N. Y., 2002.10.15, http://www.federalreserve.gov ; Harris, *Ben Bernanke's* Fed, 147–58.

23_ Ben S. Bernanke, "The Economic Outlook," 2005.10.25, http://www.whitehouse.gov/cea/econ-outlook20051020.html ; Robert Shiller, *The Subprime Option* (Princeton : Princeton University Press, 2008), 40에 인용됨.

24_ Magdoff and Sweezy, *The Irreversible Crisis*, 76 ; Burkett과 Hart-Landsberg, "The Economic Crisis in Japan," 347, 354–56, 36–66 ; Paul Krugman, "It's Baaack : Japan's Slump and the Return of the Liquidity Trap," *Brookings Papers on Economic Activity*, no. 2 (1998), 141–42, 174.78 ; Michael M. Hutchinson과 Frank Westermann, 편, *Japan's Great Stagnation* (Cambridge, Massachusetts : MIT Press, 2006).

25_ Magdoff와 Sweezy, *The Irreversible Crisis*, 51.

26_ Magdoff와 Sweezy, *The End of Prosperity*, 136 ; Hyman Minsky, *John Maynard Keynes* (New York : Columbia University Press, 1975), 164.

27_ *New York Times*, October 9, 2008.10.9에 인용된 Greenspan의 발언. 또한 John Bellamy Foster, Harry Magdoff, Robert W. McChesney, "The New Economy : Myth and Reality," *Monthly Review* 52, no. 11 (2001.4), 1–15를 보라.

28_ Manas Chakravarty, "A Turning Point in the Global Economic System," Livemint.com, 2008.9.17, http://www.livemint.com/2008/09/17002644/A-turning-point-for-the-global.html.

29_ John Bellamy Foster, *Naked Imperialism*(New York : Monthly Review Press, 2006), 45-50을 보라.

30_ Jim Reid, "A Trillion-Dollar Mean Reversion?," Deutsche Bank, 2008.7.15, http://www.nuclearphynance.com/User%20Files/85/thought_of_jim_14july.pdf.

31_ Paul A. Baran과 Paul M. Sweezy, *Monopoly Capital*(New York : Monthly Review Press, 1966) ; Harry Magdoff와 Paul M.Sweezy, *The Dynamics of U.S. Capitalism*(New York : Monthly Review Press, 1972), *The Deepening Crisis of U.S. Capitalism*(New York : Monthly Review Press, 1981), 그리고 *Stagnation and the Financial Explosion*(New York : Monthly Review Press, 1987)을 보라.

32_ Bellofiore와 Halevi, "A Minsky Moment?"

33_ Michael Yates, *Longer Hours, Fewer Jobs*(New York : Monthly Review Press, 1994) ; Michael Perelman, *The Confiscation of American Prosperity*(New York : Palgrave Macmillan, 2007)를 보라.

34_ *Economic Report of the President, 2008*, 표 B-47, 282.

35_ *New York Times, Class Matters*(New York : Times Books, 2005), 186 ; Edward N. Wolff, ed., *International Perspectives on Household Wealth*(Cheltenham : Edward Elgar, 2006), 112-15.

36_ 가계부채의 계층별 분류에 대해서는 이 책의 제1장을 보라.

37_ Ben S. Bernanke, "The Global Savings Glut and the U.S. Current Account Deficit," Sandridge Lecture, Virginia Association of Economics, Richmond, Virginia, 2005.3.10, http://www.federalreserve.gov.

38_ Steingrimur J. Stigfusson, "On the Financial Crisis of Iceland," *MRzine*.org, 2008.10.20. ; "Iceland in a Precarious Position," *New York Times*, 2008.10.8. ; "Iceland Scrambles for Cash," *Wall Street Journal*, 2008.10.6.

39_ Edward J. Nell, Growth, *Profits and Prosperity*(Cambridge : Cambridge University Press, 1980), 19-28을 보라.

40_ Karl Marx, *Capital*, vol. 1 (New York : Vintage, 1976), 96-98.

41_ Crawford B. Macpherson, *Democratic Theory*(Oxford : Oxford University Press, 1973), 195–203을 보라.

42_ Friedman과 Schwartz, *A Monetary History of the United States*, 419.

43_ Harris, *Ben Bernanke's Fed*, 147–58.

44_ John Bellamy Foster, Hannah Holleman, Robert W. McChesney, "The U.S. Imperial Triangle and Military Spending," *Monthly Review* 60, no. 5 (2008.10) : 1–19를 보라.

45_ 1970년대 이후의 경제와 경제학의 동시 침체에 관해서는 Perelman, *The Confiscation of American Prosperity*를 보라. 또한 E. Ray Canterbery, *A Brief History of Economics*(River Edge, New Jersey : World Scientific Publishing, 2001), 417–26을 보라.

46_ Robert Kuttner, *Obama's Challenge*(White River Junction, Vermont : Chelsea Green, 2008), 27–47. Baran과 Sweezy, *Monopoly Capital*, 159, 161 ; *Economic Report of the President*, 2008, 224, 250.

47_ Baran과 Sweezy, *Monopoly Capital*, 159, 161 ; *Economic Report of the President, 2008*, 224, 250.

48_ Harry Magdoff와 Paul M. Sweezy, "The Crisis and the Responsibility of the Left," *Monthly Review* 39, no. 2(1987.6) : 1–5.

49_ Keynes, *The General Theory of Employment, Interest, and Money*, 376과 *Essays in Persuasion*(New York : Harcourt Brace and Co., 1932), 372 ; Paul M. Sweezy, "The Triumph of Financial Capital," *Monthly Review* 46, no. 2(1994. 6) : 1–11 ; John Bellamy Foster, "The End of Rational Capitalism," *Monthly Review* 56, no. 10(2005.3) : 1–13을 보라.

50_ 이런 맥락에서 우리는 진보적인 경제학을 넘어 현존하는 모든 것을 무자비하게 비판하는 노력이 필요하다고 믿는 바이다. 알프레드 노벨을 기념하여 스웨덴 은행이 수여하는 경제학상을 받은 비교적 진보적인 경제학자 Paul Krugman 같은 인물도 자신이 주류 경제학의 일원이자 사회의 상층부 클럽의 일원인 이유는 자본주의와 "시장경제"에 대한 강한 확신과 사회주의에 대한 혐오 때문임을 분명히 밝혔다. 그는 "바로 몇 년 전에 … 한 잡지가 표지기사에서 나를 친자본주의적 관점을 갖고 있다고 공격했다"고 말했다 ; Paul Krugman, *The Great Unraveling* (New York : W. W. Norton, 2004), xxxvi. 이와 관련하여 Harry Magdoff,

John Bellamy Foster, Robert W. McChesney, "A Prizefighter for Capitalism : Paul Krugman vs. the Quebec Protestors," *Monthly Review* 53, no. 2(2001. 6) : 1–5를 보라.

색인

[ㅍ]

[ㅎ]

옮긴이 **박종일**

고려대학교 정치외교학과 졸업

30여 년간 기업에서 일한 후 은퇴하여 지금은 번역가로 활동 중이다.

번역서로는

- 존 벨라미 포스터(John Bellamy Foster) 저, 『벌거벗은 제국주의』 (공역, 인간사랑, 2008)
- 얀 멜리센(Jan Melissen) 편저, 『신공공외교』(공역, 인간사랑, 2008)
- 존 벨라미 포스터(John Bellamy Foster) 외 저, 『다윈주의와 지적설계론』 (인간사랑, 2008)
- 범문란 저, 『중국통사(中國通史)』(상/하)(인간사랑, 2009)
- 조셉 커민스(Joseph Cummins) 저, 『미국 대통령선거 이야기』 (인간사랑, 2009)
- 톰 베델(Tom Bethell) 저, 『정치적으로 왜곡된 과학 엿보기』(인간사랑, 2009)
- 존 벨라미 포스터(John Bellamy Foster) 저, 『생태혁명』(인간사랑, 2010)

대금융위기

초판1쇄 / 2010년 9월 20일

지은이 **존 벨라미 포스터/프레드 맥도프**
옮긴이 **박종일**
펴낸이 **여국동**
펴낸곳 **도서출판 인간사랑**
인 쇄 **백왕인쇄**

출판등록 1983. 1. 26. / 제일 3호

정가 12,000원

ISBN 978-89-7418-011-9 03320

※ 잘못된 책은 교환해 드립니다.

(411-815) 경기도 고양시 일산구 백석동 1178-1
TEL (031)901-8144, 907-2003
FAX (031)905-5815
e-mail_igsr@yahoo.co.kr / igsr@naver.com